CONFLICTOS CONYUGALES:
COMO RESOLVERLOS

Responda a estas tres preguntas fundamentales:

1. **¿Los problemas con su pareja… son más frecuentes de lo que pudiéramos considerar normal…?**
2. **¿Siente (o ha sentido) "HASTIO SEXUAL"…?**
3. **¿Le resulta difícil comunicarse con su pareja?**

**Cualquier respuesta afirmativa indica que es posible que se esté <u>DIVORCIANDO SIN SABERLO</u>…
En este libro le ofrecemos un método
sencillo, muy práctico, para alcanzar ese**

AMOR TOTAL

que todos perseguimos. ¡Sí, es posible lograrlo!

Por FRANCISCO CALDERON VALLEJO

CAPITULO 1

¿PUEDEN EVITARSE LOS CONFLICTOS CONYUGALES? ¿EXISTE REALMENTE LA FELICIDAD CONYUGAL?

Pertenece usted al inmenso grupo de personas que cree que el amor sólo madura, crece, y se fortalece en los momentos más íntimos... y que las relaciones sexuales constituyen un elemento fundamental en la vida de la pareja, que es el que en definitiva garantiza la solidez conyugal? No se alarme si su respuesta fuera afirmativa, porque infinidad de personas consideran que el amor —para que realmente perdure— necesita de muchos halagos, caricias constantes, y palabras dulces... pero, por encima de todo, estiman que "el sexo es el ingrediente predominante e indispensable para que exista un verdadero equilibrio conyugal"... para que no se presenten los consabidos **CONFLICTOS CONYUGALES.**

Sí, somos conscientes de que el sexo es un elemento muy importante en la vida de la pareja, pero aceptemos también que constituye solamente una parte entre los elementos indispensables para que existan lo que por lo general llamamos "las buenas relaciones conyugales". Y aunque nadie pone en duda que sin unas relaciones sexuales armónicas es difícil que una pareja pueda ser completamente feliz, también hay que tomar en cuenta esos otros ingredientes que son igualmente importantes para lograr el equilibrio conyugal... ese otro porciento de elementos que permiten la convivencia diaria armónica: madurez, comprensión, identificación, flexibilidad, honestidad, positivismo, humor, etc. Es decir:

- Si bien el sexo es un elemento muy importante en las relaciones conyugales, la felicidad de la pareja no se basa únicamente en encuentros íntimos maravillosos, sino en una serie de otros elementos a los que también debemos prestarles la debida atención.

Pero seamos francos: cuando alguien nos pregunta si "somos felices" en nuestro matrimonio, inmediatamente pensamos en la calidad sexual de nuestras relaciones, más que en el bienestar mental que experimentamos al lado de nuestro cónyuge. Y ésta es la conclusión a la que han llegado diferentes grupos de sicólogos basándose en las respuestas recibidas a numerosos cuestionarios sometidos a parejas anónimas que se consideran felices en sus relaciones conyugales, y a otras que han debido buscar asistencia profesional para resolver **conflictos conyugales** que, de persistir, seguramente las llevarían a un rompimiento definitivo. Es decir:

- La mayoría de las parejas considera hoy que la felicidad conyugal depende, básicamente, de unas relaciones sexuales estimulantes, completamente satisfactorias.

Pero... ¿es realmente así? ¡Por supuesto que no... y es muy curioso que esos "otros elementos" de la felicidad conyugal no sean tomados en la debida consideración! Consideremos otras preguntas que con frecuencia son presentadas en estos mismos cuestionarios:

- Usted y su cónyuge... ¿se cuentan todo lo que les sucede fuera del hogar?
- ¿Sabe lo que su cónyuge realmente piensa de usted... como amante y como amigo?
- ¿Mantienen distintos intereses personales y, debido a ello, llevan vidas más o menos independientes, pasando mucho tiempo separados?

Si su respuesta fuera negativa a estas tres preguntas, le aconsejamos que no se preocupe mayormente con respecto a la estabilidad de su matrimonio, especialmente si respondió negativamente a la última pregunta. En este caso, usted no debe temer que su relación peligre. ¿Sabe por qué? Pues porque a pesar de que se habla muchísimo de que "la independencia en la vida conyugal es fundamental para preservar la individualidad de cada miembro de la pareja", y con frecuencia se pregonan "los muchos peligros de un matrimonio asfixiante, en el que un cónyuge está en todo momento encima del otro", las investigaciones realizadas al respecto —así como los análisis estadísticos— demuestran que:

- Las parejas que son más felices, las que sostienen relaciones armónicas, y las que pudieran considerarse más estables, son las que pasan la mayor parte de su tiempo juntas.

Evidentemente, como ninguna pareja puede vivir en un maratón sexual constante, es evidente que debemos prestarle una atención muy especial a esos "otros elementos" de la felicidad y la estabilidad conyugal, porque de ellos depende nuestro éxito en el matrimonio.

¡HAY NUEVOS CONCEPTOS SOBRE LO QUE HACE QUE EL AMOR PERDURE!

Analicemos nuevamente los resultados de todas estas encuestas que se realizan para descifrar los secretos de la felicidad conyugal:

- Por una parte, la mayoría de las parejas aseguran que el sexo es lo más importante en el matrimonio; es decir, el elemento principal que las mantiene unidas.
- Pero por otra parte, esas mismas parejas que se consideran "felices" y "estables" responden —en forma abrumadora— que pasan la mayor parte de su tiempo junto a sus cónyuges. Es decir, no creen tanto en "la importancia de llevar vidas independientes", ni en "lo fundamental de no perder la identidad en aras del matrimonio"... los conceptos en los que tanto énfasis hacen muchos sicólogos y consejeros matrimoniales en la actualidad.

Entonces... ¿por qué surge esta contradicción? Pues porque muchas parejas no se han detenido a analizar que la felicidad conyugal está integrada por muchos elementos:

- El sexo, sí, es uno de ellos;
- pero también hay muchos otros ingredientes que, si no existen en las relaciones de la pareja, no sería posible que sus miembros permanecieran juntos en la misma habitación ni por sólo unos minutos.

Las investigaciones para determinar los factores que permiten que las relaciones armónicas entre el hombre y la mujer perduren indefinidamente continúan en gran escala en muchos países, promovidas especialmente por el alarmante número de divorcios que se ha observado en los últimos cinco años: como promedio, en la actualidad se considera que el 60% de los matrimonios terminarán en un divorcio, separación, o rompimiento en el término de cinco años... y este estado de cosas, evidentemente, resquebraja la solidez de la familia en una forma peligrosa.

Sin embargo, en medio de esta situación crítica se visualiza una nueva era romántica en la que muchos cónyuges quieren "compartir sus vidas" y no basar sus relaciones conyugales solamente en la posibilidad de llevar una vida sexual activa y altamente estimulante. Este dato es revelado por la opinión actual de muchos matrimonios entrevistados como parte de estas investigaciones sobre la felicidad conyugal, los cuales consideran que:

- Los miembros de la pareja deben pasar el mayor tiempo posible juntos, y compartir diferentes actividades que interesen a ambos, para que el amor se desarrolle de una forma positiva, y para que los vínculos conyugales se solidifiquen permanentemente.

Desde luego, "estar juntos" y "compartir el tiempo libre al máximo" no necesariamente significa que exista armonía o amor entre los miembros de la pareja; se puede pasar mucho tiempo al lado de una persona (por diferentes motivos)... y detestarla en secreto. ¡Sucede con más frecuencia de la que pudiéramos imaginar! Por ello es tan importante observar ciertas estrategias fundamentales que pueden mejorar toda relación conyugal para derivar del amor mayores emociones, más calidad humana, y sufrir menos desencantos. Veamos:

6 SUGERENCIAS (MUY VALIOSAS) PARA MANTENER EL EQUILIBRIO EN EL MATRIMONIO

1
Sea siempre honesto en su vida conugal...
pero también discreto

La mayoría de los sicólogos estamos de acuerdo en que la franqueza total no existe en ninguna relación íntima, aunque muchas personas presuman de ello... Y es normal que así sea, porque la honestidad absoluta es poco menos que imposible. Sin embargo, está comprobado que aquellas parejas que persiguen frenéticamente la honestidad en las relaciones con su cónyuge siempre corren el riesgo de tropezar con muchas desilusiones... y algunas de ellas pueden ser en extremo peligrosas, porque es evidente que no todos los seres humanos estamos capacitados para enfrentarnos ecuánimemente a la verdad.

Por ejemplo, considere: ¿qué lograría usted con averiguar el pasado romántico de su cónyuge... por mucho que le intrigue? Si lo analiza objetivamente, estará de acuerdo en que ese pasado no le pertenece a usted (porque usted no existía en la vida de su cónyuge en ese momento que ahora quiere descubrir) y que, por lo tanto, ese interés hasta puede esconder cierto grado de morbosidad enfermiza en usted... o una forma de tener de su lado armas que pueda utilizar contra su cónyuge en un momento dado, sacando a relucir situaciones de un pasado que probablemente él (o ella) ya no quiera recordar. Además, ¿en qué forma le afectaría conocer detalles del pasado sentimental de su cónyuge...? ¿Es que quiere hacer comparaciones? ¿Enjuiciarlo...? ¿Hacerlo sentir culpable...?

Asimismo, hasta el más fiel de los cónyuges incurre con mayor o menor frecuencia en lo que yo llamo "pequeñas infidelidades" completamente inofensivas, pero que —si llegan a ser conocidas por el otro cónyuge— pueden provocar crisis conyugales innecesarias. ¿Qué son las "pequeñas infidelidades"? Pues los flirteos inofensivos, la admiración que podamos sentir en un momento dado por un miembro del sexo opuesto... emociones que jamás llegan al plano físico y que también pudieran ser calificadas —en una forma más objetiva— de "simpatía". Estas situaciones no tienen por qué ser reveladas a nuestro cónyuge con el único propósito de "ser honesto"... porque esa honestidad compulsiva es innecesaria, y también peligrosa debido a las especulaciones que puede activar.

Ahora bien, si es vital para usted conocer ciertos detalles de la vida pasada de su cónyuge, la discreción debe regir cualquier situación que se presente o que sea provocada. Para ello, no lo acose con preguntas inquisitivas, ni ejerza presiones para que confiese situaciones que, por prudencia, quizás él (o ella) prefiera no mencionar. Permita que sea su cónyuge quien le revele lo que considere adecuado de su pasado, si es que en verdad desea hablar de ese asunto. Usted, por su parte, debe pensar de la misma manera si la situación se presenta a la inversa. Es evidente que si su cónyuge no es una persona muy equilibrada en el aspecto emocional, lo lastimaría profundamente contándole cuestiones que —en el fondo de su alma— él no quisiera escuchar.

2
Comuníquese con su cónyuge...
¡pero no hable tonterías!

Después de cierto tiempo de casados, muchos cónyuges cometen el error de conversar únicamente sobre temas triviales que no despiertan mayor interés en ninguno de los dos... y, progresivamente, se va fomentando de esta manera el aburrimiento y el hastío entre los miembros de la pareja... aunque presuman de una felicidad conyugal absoluta. Así, es fácil comprobar que con frecuencia estos cónyuges se quejan constantemente por pequeños detalles que surgen en su vida cotidiana (la forma en que se portaron los niños, el trabajo que quedó inconcluso, el comentario que hizo un amigo, etc.), y con frecuencia se involucran en conversaciones sobre cuestiones que en realidad son intrascendentes y que no aportan nada para enriquecer la relación conyugal. Ante situaciones de este tipo, es preferible callar, sumergirse en una buena lectura, ver un buen programa de televisión... y no consumir tiempo valioso hablando tonterías, sencillamente para evitar el silencio.

Por supuesto, siempre es conveniente que manifestemos nuestras emociones a nuestro cónyuge ante aquellas situaciones que nos mortifican, que nos deprimen, o que nos intranquilicen. Pero si tomamos esta costumbre de exteriorizar todas nuestras emociones como un hábito, estamos estableciendo la comunicación con nuestro cónyuge sobre bases en extremo personales.

¿Recomendaciones? Varias:

- Hable con su cónyuge todo lo que quiera... pero seleccione con más cuidado los tópicos de esas conversaciones.
- Desarrolle el interés en su cónyuge con lo que usted tiene que decirle, aportando siempre una información que sea interesante. Así estará intercambiando opiniones, despertando su interés sobre situaciones que probablemente no conocía, desarrollando al mismo tiempo su habilidad para intercambiar ideas, e inconscientemente haciendo planes para el futuro... ¡un futuro que ambos esperan compartir!
- Y, por favor, no haga preguntas por aquello de que usted pretende demostrar que "todos los asuntos de su cónyuge le interesan". Si ha de comunicarse con él, hágalo mostrando genuina atención.

3
¡Más vale ser positivo que curioso!

En otras palabras: pensar que lo que hacemos por nuestro cónyuge es de su agrado, es una actitud mucho más positiva que preguntarle directamente si le complace nuestra actuación, o pedirle que nos sugiera lo que le satisfacería que hiciéramos por él:

- El hombre que —por ejemplo— ayuda a su esposa a realizar las tareas domésticas que más la abruman, las hace con mayor gusto si piensa que ella se siente complacida por ello.
- La mujer que es habitualmente cariñosa con su esposo lo hace porque satisface un sentimiento genuino en ella, y no se preocupa mayormente si sus expresiones de amor lo complacen o no.

Este concepto, desde luego, también es aplicable a la intimidad de la pareja:

- Si usted estima que su papel de amante no es tan apasionado como debiera ser, está reaccionando negativamente.
- Lo ideal es considerar que usted es el amante perfecto, y que su cónyuge así lo aprecia. Ello lo ayudará a serlo... aunque no sea completamente cierto.

4
¡A todos nos resultaría muy conveniente preparnos para el matrimonio!

Sin que recurramos a la manida y no siempre cierta frase de que "cualquier tiempo pasado fue mejor", es importante recordar que no hace tantos años las parejas eran preparadas en cierta forma para el matrimonio. Con el dinamismo de la vida actual, este concepto ha ido perdiendo validez, y así comprobamos muchas veces que parejas que no están aptas para el matrimonio (porque no se conocen lo suficiente, porque sus ingresos no les permiten llevar una vida independiente, por la inmadurez emocional de uno o ambos cónyuges, etc.) se casan movidas por un impulso o una ilusión... sin una planificación sensata del futuro. ¿Después? Se deben enfrentar a las realidades de la vida conyugal, y hacer los ajustes debidos que requiere vivir-en-pareja.

Sin embargo, existen diferentes alternativas en este sentido para las parejas jóvenes, ya sea a través de alguna institución religiosa o de tipo social. Son muchos los cursos y las conferencias que se ofrecen, los cuales entrenan a las parejas para que puedan resolver las diferentes situaciones que se puedan presentar dentro de la vida conyugal... desde cómo manejar las finanzas, hasta la planificación familiar. Estos programas sin duda han ayudado a muchas parejas a ser más conscientes de lo que pueden esperar una vez que se casen, y a ver el matrimonio en una forma mucho más objetiva. Pero inclusive para las parejas jóvenes ya casadas, estos cursos de orientación pueden ser en extremo valiosos para asumir las responsabilidades de la vida conyugal en una forma más positiva.

5
El poder de las relaciones íntimas...

Anónimamente, al responder cuestionarios que no van a ser firmados, es evidente que las parejas mencionan el sexo como el elemento fundamental de la unión conyugal. Sin embargo, muchas personas se avergüenzan de pensar así, y ocultan sus verdaderas opiniones porque las consideran demasiado crudas o en extremo materialistas... una situación que es más frecuente entre las mujeres, quienes muestran la tendencia a envolver todo lo referente al amor conyugal en un velo de romanticismo, en el que el amor (como emoción) debe prevalecer siempre sobre el acto físico (el amor sexual). ¿La consecuencia de esta contradicción? Por supuesto, **conflictos conyugales**, frustraciones sexuales, engaños... en los que muchas veces los verdaderos motivos se hallan velados.

Cuando surgen problemas sexuales entre los miembros de una pareja, se desarrolla una tendencia (en ambos cónyuges) a analizar toda la relación conyugal con cierto pesimismo, y a veces con matices de frustración y exasperación. Sin embargo, si consideramos que nuestra vida íntima es perfecta (o satisfactoria, o al menos adecuada), lo más probable es que pasemos por alto muchos conflictos (pequeños o grandes) que se puedan presentar en la vida en común con nuestra pareja... porque nos sentimos compensados en los momentos del sexo. Por lo tanto, es sumamente importante que ambos miembros de la pareja tengan una actitud positiva sobre la importancia del sexo en el matrimonio, considerando que el mismo es una manifestación normal de nuestra fisiología, que bien puede ser la culminación del amor, o la expresión física del amor conyugal... como usted prefiera considerarlo.

6
Determínese a triunfar en sus relaciones conyugales...
¡a pesar de todo!

Optimismo... es el término que debe regir las relaciones conyugales en todos los momentos. Objetividad... podría ser la guía para analizar las situaciones que se puedan presentar dentro de la vida conyugal, por críticas que las mismas pudieran ser. Flexibilidad... es imprescindible al vivir-en-pareja, porque para que exista una relación conyugal, es preciso que participen ambos miembros de la pareja, y difícilmente los mismos van a pensar de la misma forma en todo momento. Por ello:

- Ceder es ejercer prudencia.
- Convencer con amabilidad es mostrar sabiduría.
- Aceptar con paciencia equivale a tener madurez.

Sin embargo, ante el **conflicto conyugal** más intrascendente, muchas parejas piensan inmediatamente en el divorcio, en un rompimiento, en una separación; cualquier desavenencia conyugal se convierte para ellas —a veces automáticamente— en crisis. Evidentemente, estas parejas valoran muy pobremente lo que ya hayan podido alcanzar en su vida en común. Las parejas que perduran, las que realmente llegan a lograr la felicidad en el matrimonio, son las que toman muy en serio sus papeles conyugales; las que realizan todo tipo de esfuerzo por limar las asperezas que puedan surgir en sus relaciones diarias; las que persisten en encontrar el equilibrio, hasta que todas las soluciones se agotan.

PERO... ¿PUEDEN RESOLVERSE
LOS CONFLICTOS CONYUGALES?

¡Por supuesto! ¿Considera que las sugerencias que le hemos ofrecido hasta este punto son demasiado simples para ayudar a fortalecer el amor conyugal? No lo crea, ni por un instante siquiera. Con estos conceptos —bien aprendidos y aplicados, desde luego— muchas personas han restructurado su vida matrimonial. Son pequeñas "armas básicas" que permiten que los miembros de la pareja triunfen sobre los muchos obstáculos que inevitablemente se presentan en la vida diaria. Nuestro punto más vulnerable para experimentar un **conflicto conyugal** surge porque no siempre nos preocupamos lo suficiente sobre la rutina diaria de nuestras vidas; nos olvidamos de los pequeños detalles para prestarle más atención a una situación global. Considere:

- El matrimonio —o cualquier otro tipo de relación que pueda existir entre dos personas— no es difícil, ni requiere cursar estudios universitarios... sino aplicar la lógica en una forma inexorable, y no permitir que las emociones prevalezcan sobre el sentido común.
- También implica invertir más de nuestro tiempo libre, para no permitir que se nos escape de las manos la oportunidad de ser felices.

CAPITULO 2

LOS INGREDIENTES
PARA LOGRAR
EL
MATRIMONIO
TOTAL...
¿LOS INCLUYE EL SUYO?

A pesar de que las estadísticas recientes revelan que un 30% de las parejas que se casan actualmente terminarán divorciándose, hay múltiples razones para creer en la institución del matrimonio. Entre otras, considere que también hay un 70% de parejas que triunfan y que alcanzan lo que muchos expertos en cuestiones conyugales llaman el **matrimonio total**.

Nos parece muy bien que hayan personas que prefieran permanecer solteras, y que la sociedad también haya llegado a la madura conclusión de que ello no quiere decir que esa persona va a estar condenada a una vida de frustraciones constantes. Lo que no se puede aceptar —como en ocasiones se sugiere— es que "el matrimonio sea el fin de la libertad individual", ni "una sentencia a llevar un estilo de vida aburrido y monótono". Existe un gran número de parejas que están felizmente casadas —y que continúan casadas— no por el pretexto eterno de que "están los hijos por el medio", o porque la mujer tema enfrentarse a tener que asistir sola a una fiesta, o a lidiar con el mecánico cuando se le descompone el automóvil, o porque el hombre necesite quien le lave la ropa y le prepare la comida. Estas parejas, por el contrario, continúan casadas porque se aman, y porque han logrado alcanzar (¡y disfrutar!) de ese "matrimonio total" del cual vamos a hablar en este capítulo.

Pero... ¿qué es el "matrimonio total"...? ¿Cómo puede ser logrado...?

EL PRIMER PASO HACIA EL "MATRIMONIO TOTAL": COMPRENDER LO QUE ES EL VERDADERO AMOR

Es lógico que una mujer o un hombre joven que nunca antes se hayan enamorado pregunten con ansiedad: "¿Cómo sabré cuándo llega a mis puertas el amor verdadero? ¿Cómo podré estar seguro de que es lo que espero? ¿Cómo se diferencia la atracción física del amor pleno...?". Y quien haya vivido ya esa experiencia, responderá rápidamente: "Ya lo sabrás cuando te llegue". ¡Y es que no hay otra respuesta más cabal a estas incógnitas! ¿Existe acaso algo más misterioso que el amor...? Se dice con cierta frecuencia, por ejemplo, que los polos opuestos se atraen. Y lo mismo que sucede con las leyes de la Física, también en las relaciones humanas a veces esto es cierto... aunque no siempre. Lo único certero sobre el amor es que:

- Aparece sin previo aviso, con la fuerza avasalladora de un huracán, o con la persistencia de una llovizna que nos va calando poco a poco, pero progresivamente... hasta que estamos completamente atrapados. ¡No hay defensa alguna ante él!
- Asimismo, el amor puede vencer circunstancias de todo tipo; derrumba las barreras más insalvables. Podrá sufrir derrotas momentáneamente, pero se levanta siempre... imperecedero.

Las parejas de adolescentes que reciben de sus padres el consejo de "esperar un año más" antes de casarse, y a quienes se les repite que "no tienen nada que temer si se aman de verdad", deberían en efecto acatar, sin preocupaciones, los deseos de sus mayores... porque hay millones de ejemplos para demostrar que el tiempo no debilita el amor genuino, sino que lo fortalece y lo define mejor en cuanto a las metas que ambos miembros de la pareja esperan de él. Todo esto nos lleva a una conclusión muy concreta:

- Quien tenga dudas sobre si debe contraer matrimonio o no, no debe hacerlo.

Cuando, por el contrario, de ambas partes existe la certeza de que no podrían amar a ninguna otra persona en el mundo, que la vida no tiene sentido si no es compartida con el ser amado, entonces... ¡adelante con la ceremonia! ¡Habremos escogido bien!

EN EL "MATRIMONIO TOTAL", CADA CONYUGE MANTIENE SU INDIVIDUALIDAD...

No hay nada más enternecedor que ver a una pareja de jóvenes enamorados, en cuyos ojos se reflejan todo el amor y el deseo del hombre y la mujer... o un matrimonio con muchos años de casados, que aún tiene la capacidad de hablarse sin la necesidad de las palabras. Sí, cuando existe un "matrimonio total" hay tal compenetración entre los cónyuges que, en ciertos aspectos de la vida, la pareja puede llegar a ser una misma persona. No por eso, sin embargo, cada uno de ellos debe dejar de ser como realmente es. ¡Y éste es uno de los balances más delicados y más importantes del matrimonio!

Que el ser humano es básicamente egoísta es una verdad que está probada científicamente, y que todos los sicólogos aceptan... inclusive la religión. No es de extrañar, pues, que los mandamientos ordenen "amar al prójimo como a uno mismo". Porque es natural y sano querernos a nosotros mismos. Esto quiere decir: evitar el dolor físico, cuidar de nuestra salud, tener orgullo con respecto a todo lo que hacemos, cultivar una apariencia agradable, aspirar a ser mejor en todos los aspectos (el físico, el espiritual, el moral, el económico). Y cuando amamos, deseamos para el ser querido el mismo bienestar y la misma seguridad a la que aspiramos para nosotros mismos. Si la persona que queremos a su vez nos ama, entonces ella también querrá lo mejor para nosotros. Existirán ocasiones en que sea necesario sacrificar algún placer propio por complacer al ser querido... y esto se hará felizmente siempre y cuando en otras ocasiones sea a la inversa, y cuando el sacrificio no constituya una negación a nuestros conceptos más íntimos.

Pongamos algunos ejemplos concretos: en el caso específico de la mujer, es evidente que ésta cada día encuentra más formas de realizarse a sí misma fuera del ámbito de las labores domésticas y la educación de los hijos. A medida que las barreras de la discriminación femenina se han ido derrumbando, se han abierto nuevas oportunidades para la mujer en todos los campos. Naturalmente que esto varía en los diversos países, pero en general, en el mundo actual la mujer tiene más facilidades para ser médica, abogada, o ejecutiva de una empresa que hace algunos años. Es verdad que hay muchas mujeres que no tienen otra aspiración que la de ser buenas esposas y buenas madres. Esto es encomiable, desde luego, pero... ¿y cuándo no es así? ¿Qué sucede si una mujer tiene una marcada vocación, digamos por ser escritora, o pintora, o contadora...? Sería injusto anular esa aspiración. Y así, cada día son más y más las mujeres que han comprobado felizmente que el atender a una familia y el disfrutar del "matrimonio total" es perfectamente compatible con estudiar, ejercer una profesión, y sobresalir en ella.

Pero no se trata solamente de eso. Aunque un matrimonio tenga ciertos gustos afines, habrá algunas cosas y situaciones que ambos miembros de la pareja no disfruten por igual. Al esposo, por ejemplo, puede gustarle asistir con un grupo de amigos a algún evento deportivo, mientras que la mujer tal vez sienta agrado en ir de tiendas, o almorzar con su hermana, o asistir a un concierto con una amiga. Justo y conveniente será que uno satisfaga estos pequeños gustos porque, además, ello enriquecerá espiritualmente a cada miembro de la pareja. Lo hará crecer en diversas dimensiones, y lo hará un compañero mucho más interesante.

Hay algo más que añadir al respecto: si bien, como sabemos, el ser humano es una entidad social, cada individuo —en mayor o menor grado— siente la necesidad de estar solo en determinados momentos de su vida; es decir, a solas consigo mismo, que es un concepto diferente. Cada cónyuge debe respetar ese derecho inalienable de su compañero a mantener su privacidad. La introspección, la meditación, el serenar el yo interior, son imprescindibles en la vida. Y para lograr la armonía con los demás, hay que empezar por encontrar el equilibrio interno. Una pareja que se conozca bien sabrá comprender con un gesto, una actitud, cuándo cada uno necesita de esa privacidad especial, ya no sólo física, sino emocional... ¡y entonces ayudar a proporcionársela!

¡EL "MATRIMONIO TOTAL" NO ES PRODUCTO DE LA CASUALIDAD!

Ya hemos visto que para lograr un "matrimonio total" son necesarias dos "personas totales". O sea, dos personas que se amen, pero que también sepan ellas mismas crecer emocionalmente, satisfacer sus aspiraciones propias en el ámbito de sus carreras, y aun de sus gustos personales. Pero esto no basta. Una relación conyugal sólida, un acoplamiento entre dos personalidades que resulten en un diario vivir armonioso, que sobrevivan las crisis y dificultades que se puedan presentar, y que extraigan el placer máximo de lo más mínimo, jamás es producto de la casualidad. Esa relación matrimonial tan especial —para que se mantenga vital, vibrante, esencial, genuina— debe ser cultivada... lo mismo que una planta.

Comparemos por un momento la situación de una delicada planta:

- La planta necesita luz, ser regada, fertilizada... Hay muchos elementos que pueden dañarla, inclusive aquello que, en su medida justa, le hará bien... pues tan negativo para ella será la exposición excesiva a los rayos del sol o demasiada agua, como la falta de ambos elementos.
- De la misma manera, en la vida en común, hasta una abundancia de bienestar podría ser perjudicial para la relación conyugal, aunque siempre —si las raíces son profundas— la pareja, al igual que la planta, se erguirá y llegará a ser un árbol frondoso y fuerte para dar flores y frutos.

¿Qué quiere decir esto con respecto a la vida diaria? Pues significa que:

- Un hombre no debe dar por sentado que su mujer sabe que él la quiere y la considera atractiva, sino que debe decírselo de la forma que él lo sepa expresar mejor y de la forma que ella necesite escucharlo... ya sea con palabras, con una caricia, con sus acciones, o de todas estas maneras.

También quiere decir que:

- La mujer debe interesarse sinceramente en todo cuanto preocupa a su marido... escucharlo, apoyarlo, confirmarle su amor y hacerle saber su presencia y su apoyo en los momentos difíciles que se puedan presentar.

El marido debe ser para la esposa (según la ocasión), novio, amante, compañero, padre, amigo, confidente... de igual forma que la mujer debe ser para él mujer, esposa, amiga, a veces hija... y otras veces, hasta madre.

Hemos mencionado que cada individuo ha de crecer individualmente a través de la vida en aquellas dimensiones que su personalidad y sus necesidades lo inclinen. Es lógico pensar que el hombre y la mujer que se casaron hace veinte años, cuando ambos eran apenas unos adolescentes, no son los mismos al llegar a la plenitud de sus vidas... aunque ciertas características esenciales del ser se mantengan intactas. Es preciso aprender a conocer y aceptar —a adaptarse— a los cambios que experimentan los cónyuges a través de los años. Porque, además, a medida que el hombre y la mujer crecen emocionalmente, irán enriqueciendo la unión de ambos.

¡COMPENSACION ES UNA PALABRA CLAVE EN TODO "MATRIMONIO TOTAL"!

No nos engañemos: por mucho que dos personas se amen y estén compenetradas, no piensan al unísono en todas las ocasiones; tampoco siempre van a coincidir en sus deseos. Un ejemplo frecuente:

- Un viernes en la noche, él, cansado de una larga semana de trabajar bajo alto estrés, prefiere quedarse en la casa mirando la televisión;
- ella, que se ha pasado cinco días atendiendo exclusivamente a las tareas del hogar (porque uno de los niños ha estado enfermo, o porque el auto ha estado descompuesto) está ansiosa por salir.

¿Qué hacer ante una situación de este tipo? Pues es evidente que uno de los dos tendrá que ceder... y para que "el sacrificio" tenga validez, es preciso hacerlo con gusto y sin llevar cuentas. Entre una mujer y un hombre que se quieran realmente no hacen falta las computaciones matemáticas para saber que el matrimonio debe ser una situación de "dando y dando", y que mientras un día será uno el que ceda, al día siguiente el otro cederá.

Quien ha leído alguna vez el célebre cuento de O'Henry y los regalos de Navidad que una pareja muy enamorada y muy pobre intercambiaron, lo recordará para siempre. Para ella, su mayor orgullo era su larga y sedosa cabellera; para él, un antiguo reloj. La mañana de Navidad, la mujer recibió de su esposo una bella peineta, y él, de ella, una hermosa cadena para su reloj. Sólo que, para comprarlos, él tuvo que vender su reloj, y ella obtuvo el dinero para la cadena vendiendo sus cabellos a un salón de belleza.

Si este cuento es ya un clásico de la Literatura universal es porque refleja una verdad universal:

- **Para el que ama, dar al ser amado es una forma de darse a sí mismo.**

¡Qué genuino, qué auténtico ese amor en el que las dos partes dan de sí mismos sin buscar otra recompensa que la que encuentran en dar! Cuánto más mérito tiene aquello que se da libremente y no por obligación. Igualmente, aquél que ama recibirá siempre con humildad, con asombro, con gratitud, y no bajo la creencia de que todo lo merece. Quizás una de las medidas del "amor total" es ese sentimiento mutuo de no creer merecer tal dicha y el deseo genuino de superarse para ser digno del ser amado.

EN UN "MATRIMONIO TOTAL", TAMPOCO TODOS LOS DIAS PUEDEN SER DE FIESTA

Al igual que hemos afirmado que el famoso cuento del autor norteamericano refleja un sentimiento universal, somos conscientes de que la vida no es de color de rosa, ni todos los días son de fiesta en la relación conyugal. Es más, el mundo moderno representa una lucha continua para salir adelante; es un verdadero vivir en contra del reloj, es un andar velozmente por autopistas, un hacer magias de malabaristas para equilibrar el presupuesto familiar, un existir bajo una tensión constante. Como además cada ser humano es un individuo único, distinto, singular, no puede sorprender que por mucho que dos personas se amen y se entiendan, a veces discutan, peleen... o surjan los inevitables **conflictos conyugales**. Ahora bien:

- Esas discusiones pueden ser para los cónyuges, hirientes y desagradables... pero también pueden convertirse en una magnífica oportunidad para conocerse mejor, para aliviar las tensiones que se hayan podido desarrollar en la intimidad conyugal, y sentirse más unidos después de la reconciliación.

Es natural que algunas personas sean más conflictivas que otras. Hay quienes se quejan y gruñen por tonterías. Es más, existen matrimonios que viven en un continuo contrapunteo que llega a ser hasta una especie de coqueteo verbal, de juego amoroso, salpicado de amor y cariño. Otras parejas, por el contrario, rara vez riñen por trivialidades... pero si tienen un disgusto, éste es mucho más profundo y serio. Cualesquiera que sean las características de cada relación, hay un factor que debe señalarse:

- Una pelea puede ser beneficiosa y hasta enriquecer una unión, si cada cónyuge la ve como una oportunidad de conocer los puntos de vista, las reacciones, y las inquietudes del otro.

Nada en la vida es blanco o es negro; todo depende —en gran medida— de cómo cada ser humano lo percibe, según el momento. Los sicólogos lo explican de esta forma: "Existe una realidad física y tantas realidades sicológicas como individuos hay". Concretamente, desde un ángulo determinado, se puede ver un objeto de una forma; analizado desde otro ángulo, por el cambio de luz y posición, se puede apreciar y considerar en una forma diferente. De la misma manera:

- Un **conflicto conyugal** constituye una oportunidad preciosa para ver las cosas desde el ángulo del ser que amamos y tratar de comprender su punto de vista.

Por ejemplo, la esposa se queja de que delante de los padres de él, el esposo no ha sido debidamente atento con ella, o en alguna forma hasta se ha mostrado hiriente. El le asegura que no. El razona (y quizás esté en lo cierto) que conscientemente no tuvo la intención de hacerla sentir disminuida, pero ella así lo percibió. Por lo tanto, su pena es real y su queja está justificada.

Una recomendación de gran valor:

- **Una vez terminada la discusión, ¡al cesto del olvido!**

En toda relación humana se presentan malentendidos, desde luego. No por eso deben quedar cicatrices abiertas. Se ha discutido un asunto… y punto. Si el ofendido ha recibido una explicación del ofensor, y si un beso o una caricia han borrado ya el dolor, entonces no permita que su alma albergue resentimientos.

Y AHORA… ¡A CONSTRUIR UN "MATRIMONIO TOTAL"!

El ser humano —y todos lo sabemos— es cuerpo y espíritu, pasión y razón, piel y corazón, sentimientos y hormonas. El "matrimonio total" debe disfrutar de una relación íntima que signifique, en efecto, la mayor expresión de su amor. Las relaciones íntimas no son lo más importante en un matrimonio, pero es preciso aceptar que sí constituyen una parte muy esencial; y en ellas —como en todo lo demás de la vida en pareja— debe prevalecer el balance entre la ternura y la pasión, entre la mera satisfacción de los sentidos y la entrega total a través del cuerpo y de lo más recóndito de nuestro ser.

En definitiva, las palabras claves en todo "matrimonio total" deben ser comunicación e intimidad. ¿Y qué es, la intimidad? Es un derrumbar barreras… mostrarnos tal como realmente somos: libres, tan desnudos de cuerpo como de alma… es construir puentes… tender la mano… alcanzar otra mano que está tendida hacia nosotros. La intimidad no tiene nada que ver —como muchos piensan— con el período de tiempo que se pasa junto a otra persona, sino, más bien, con la calidad de las horas compartidas. Por eso, dos seres que se aman podrán comunicarse en medio de una multitud con sólo mirarse a los ojos...

NO TODO SERA UN CAMINO
DE ROSAS, PERO...

El matrimonio no será siempre un paraíso, como es natural... Pero tampoco tiene por qué convertirse en un infierno... Todos los **conflictos conyugales** pueden ser resueltos armónicamente, y es lo que vamos a contemplar en los capítulos que siguen.

Amar a una persona es un riesgo que es preciso tomar... Pero es también una oportunidad maravillosa para trascender la soledad de la vida humana, compartir nuestras penas y alegrías con otro ser, convertirnos en mejores personas, más ricas en todas las dimensiones... El "matrimonio total" es una especie de ecuación matemática a la inversa, en la que al dividirnos por otro, ¡en verdad nos estamos multiplicando!

¿COMO SE SOLIDIFICA LA ESTABILIDAD CONYUGAL?
(ESTRATEGIAS PARA HOMBRES
QUE NO QUIEREN EL DIVORCIO)

También de acuerdo con las estadísticas, una de las razones por las que actualmente surgen tantos **conflictos conyugales** es por la "falta de comunicación" y por "el poco tiempo que los cónyuges pasan juntos". Si los miembros de la pareja dispusieran de más tiempo para estar uno junto al otro, la mayoría de los **conflictos conyugales** podrían evitarse... y es preciso reconocer que muchas veces, la situación de conflicto es provocada por el hombre, que piensa más en sí mismo y en su trabajo, que en la estabilidad conyugal. No importa lo ocupado que el hombre esté, o lo distante que trabaje del hogar, si puede dedicar algunas horas en el día para reunirse con su esposa y compartir momentos de verdadera intimidad conyugal (que no tienen que ser precisamente sexuales), el matrimonio no correrá peligro.

A continuación ofrezco una serie de puntos esenciales para la perfecta armonía de la pareja:

- Planifique el tiempo de la misma forma en que planifica el presupuesto de la casa. Sea consciente de que no hay nada más importante que el tiempo en que usted y su esposa puedan permanecer reunidos, aunque sólo sea para hablar de cuestiones que les conciernan a ambos.
- Cuando planifiquen las actividades que van a realizar juntos, tenga en cuenta los gustos de ella... y no solamente los suyos. Usted seguramente sabe cuáles son las preferencias de su esposa, así que inclúyalas en la lista... aunque una de ellas sea salir de compras, una situación que a lo mejor usted detesta.
- Recuerde que el término "disfrutar juntos" se refiere a todo tipo de actividades... lo mismo si se trata de ir a una fiesta que de hacer las compras de la semana. Lo importante es que lo que hagan lo realicen los dos. Esta es una forma de que usted también se interese por las tareas rutinarias del hogar con las que su esposa probablemente se ha tenido que enfrascar sola hasta el presente. Muestre interés y cooperación en este tipo de actividades y podrá comprender mejor el llamado "mundo femenino" que los hombres no siempre tienen la capacidad de descubrir.
- Despiértese media hora antes por la mañana (o acuéstese media hora más tarde por la noche) para intercambiar impresiones con su esposa. Si ella trabaja en la calle y se marcha a su centro de trabajo antes que usted, levántese con ella; si regresa más tarde, espérela para tomar juntos un aperitivo. Nunca cometa el error de cenar solo (porque tiene hambre) y ella aún tarda. ¡Espérela!
- No importa lo cansados que ambos estén; es preciso que cada día dediquen unos minutos a compartir sus sentimientos más íntimos. Es fundamental que usted sepa lo que ella piensa y siente acerca de cualquier tema... y, a la vez, es igualmente importante que ella sea consciente de cuáles son sus sentimientos. ¡Esta es la verdadera intimidad conyugal!
- Llámela por teléfono en algún momento del día. ¿Por qué si usted tiene que realizar tantas llamadas telefónicas en el día debido a su trabajo, no hace una a su esposa? Es altamente positivo que ambos cónyuges se acostumbren a hablarse por lo menos una o dos veces en el día. Parecería que se trata de una rutina sin importancia, pero es realmente un lazo que estrecha la unión conyugal... porque significa que usted está pendiente de ella.
- Aproveche el desayuno y cada una de las comidas para conversar. Cualquier momento es adecuado para intercambiar opiniones, preocu-

paciones, e ideas... ¡y está comprobado que la hora del desayuno es una de las más propicias! Muchos hombres, sin embargo, apenas se despiertan, se dedican a leer el diario o a ver las noticias en la televisión... y sus esposas se convierten en verdaderas espectadoras de una rutina masculina con la que, por supuesto, no están de acuerdo... porque se sienten excluidas.

- Es sumamente importante que cada cónyuge sepa cómo se desarrolla la vida del otro en sus respectivos trabajos. La pareja debe compartir lo mismo los buenos momentos que los más difíciles.

- Planifique las visitas al médico o al dentista el mismo día que su esposa. De esta manera, ella se siente acompañada en momentos en los que siempre es importante recibir el apoyo del hombre. Además, la sala de espera de un consultorio es también un lugar propicio para conversar.

- El fin de semana es magnífico para la intimidad... ¡prográmelo! Prepare —de antemano— una lista de las actividades que quieren realizar juntos, y no permita que nada ni nadie interrumpa esos planes. No olvide incluir aunque sea una hora a solas para ustedes dos... ¡Dígaselo a su esposa!

- Intente tener aficiones que compartir con ella. Pueden ser la lectura, la música, el cine, el teatro... No importa lo que sea, lo que es verdaderamente fundamental es que sean actividades que ambos disfruten igualmente, que les proporcionen felicidad a los dos, y que las puedan realizar juntos.

UNA CONSIDERACION FUNDAMENTAL: ¡LOS HIJOS NO SON UNA PROLONGACION DE LOS CONYUGES!

Nada más natural que la aspiración de un hombre y una mujer que se amen a que ese amor dé frutos. Un hijo es, en gran medida, la confirmación más sublime del amor conyugal. Es, también, una cierta forma de sentirnos inmortales, en la certeza de que *algo* que es parte de nosotros vivirá más allá de nuestra vida. Los hijos constituyen una obligación común para los padres en cuanto a su educación y guía. Representan, de igual modo, pañales sucios, noches sin dormir, rodillas arañadas, deberes escolares incompletos, juguetes regados... En fin, un ciclo de sacrificios y compensaciones. Lo que no pueden ser jamás los hijos para los padres es una prolongación de sí mismos, una forma de querer vivir a través de ellos sus frustraciones.

Tampoco pueden convertirse los hijos en el único vínculo de unión en un matrimonio. Es curioso que en aquellos matrimonios frágiles, que caminan por un hielo quebradizo, el principal tema de conversación sean los hijos (así lo confirman los siquiatras). Y es que la pareja que no tiene otro elemento en común que los hijos se halla en un grave peligro de que sus **conflictos conyugales** sean definitivos. Porque... ¿qué sucederá en ese matrimonio una vez que los hijos crezcan y se marchen del hogar para constituir su propio núcleo familiar? ¡Analice!

Recomendación importante: para alcanzar el "matrimonio total" considere que los hijos constituyen una bendición para toda pareja, pero en ningún momento deben suplantar el amor conyugal.

CAPITULO 3

INSATISFACCION SEXUAL:
¿POR QUE TANTAS MUJERES SE SIENTEN FRUSTRADAS EN SU VIDA INTIMA?

Si nos guiáramos por las estadísticas que divulgan los grupos feministas alrededor del mundo, en la mayoría de los países la mujer parece haber alcanzado la igualdad con el hombre como miembro de la pareja. Es decir, las organizaciones feministas nos aseguran que la mujer finalmente es consciente de lo que puede y debe esperar en sus relaciones íntimas, y su actitud en general con respecto al sexo ha cambiado notablemente en los últimos años, lo cual le provoca un grado de satisfacción sexual mucho mayor que el que lograba años atrás.

Sin embargo, a pesar de que no hay duda de que hoy existe un concepto más abierto con respecto al sexo (tanto en las mujeres como en los hombres), todos los estudios realizados al respecto muestran que:

- Más del 50% de las mujeres consideran que no reciben todo lo que esperan en sus relaciones sexuales, y muchas no sólo se sienten insatisfechas en su vida íntima, sino también terriblemente frustradas.

¿Qué importancia puede tener esto? Si analizamos que el sexo es un instinto natural (y fundamental) del ser humano, comprenderemos que nuestra conducta está influida poderosamente por el mismo:

- Si la mujer se siente realizada sexualmente, es feliz. Su vida íntima es satisfactoria y, por lo tanto, plena.
- Ahora bien, si existe algún grado de insatisfacción en sus encuentros sexuales, entonces se considera frustrada... una mujer-a-medias. En otras palabras: su vida íntima pierde completamente el equilibrio, y

ese desbalance se refleja en su carácter y en su actitud hacia la vida en general.

Por medio de infinidad de estudios científicos, sabemos que cuando una mujer no alcanza un nivel mínimo de satisfacción de sus necesidades íntimas, se siente frustrada e inconforme; y esa frustración se manifiesta en todas sus actividades: en su trabajo, en los estudios, y hasta en las mismas relaciones familiares (especialmente con el hombre que está provocando esa insatisfacción íntima). ¡Un serio **conflicto conyugal**, desde luego! En algunos casos, la insatisfacción sexual provoca ansiedad; en otros tristeza o estados depresivos. Y sí, en situaciones extremas, la mujer que no está conforme con su vida íntima puede llegar a desarrollar cierto grado de agresividad neurótica… y hasta manifestar violencia en algún momento.

Desafortunadamente, la insatisfacción sexual no sólo tiene graves consecuencias sobre el aspecto síquico y social de la mujer, sino que también afecta su constitución física, pues su organismo es una unidad integrada, en la que si se quiebra el balance que existe entre sus partes (físicas y síquicas), todas se afectan.

¿CUALES SON LOS FACTORES MAS COMUNES QUE PROVOCAN LA INSATISFACCION SEXUAL EN LA MUJER?

Algunos especialistas opinan que existen —en el orden social— dos causas fundamentales para que continúe aumentando el número de mujeres que se sienten insatisfechas en sus relaciones sexuales. Y consideran que:

- La más importante de estas causas es la tradición cultural que durante siglos ha regido el tema sexual.
- La segunda de estas causas es, curiosamente, la propia revolución sexual de la mujer.

¿Qué quiere decir todo esto? Pues que hasta hace muy poco, las estrictas normas impuestas por la sociedad a la mujer, en materia de sexo, ataban a ésta a una pesada cadena que debía arrastrar por el resto de su vida. Según estas normas, la mujer debía ser sumisa y recatada.

- Como sumisa, debía aceptar los patrones que le impusieran, entre ellos los dictados por el marido, en todas las relaciones que se estableciesen entre ellos. Y, por supuesto, el sexo era una de las normas: la mujer debía complacer al hombre en la intimidad... su propia satisfacción no era tan importante, y exigirla la degradaría ante los ojos de su cónyuge.

- Ser recatada significaba evadir por completo el tema sexual. En fin, la mujer se ahogaba en el sufrimiento, en la frustración, y en el desconocimiento... pues no sabía con certeza "si lo mismo le ocurría a otras mujeres normales". Y temiendo señalarse como una "mujer liviana" o una "enferma sexual", callaba abnegadamente su insatisfacción sexual, como si los conflictos sexuales que confrontaba fuesen su culpa.

En este momento, no es posible ocultar que los efectos denigrantes de muchos de estos conceptos todavía persisten, a pesar de la gigantesca revolución que en materia sexual ha alcanzado la mujer. Y esto se debe a que, precisamente, la generación que logró que la mujer fuera aceptada en la pareja como un ser igual, como tuvo que cargar sobre sus hombros la presión y el rechazo de toda una sociedad, aún no ha podido desprenderse completamente de las viejas trabas con respecto a su sexualidad... y quedan algunos rezagos, sobre todo en lo que se trata de pudor y recato.

¿QUE ESPERAN LAS MUJERES DEL SEXO?

Analicemos una causa aparente del fenómeno de la insatisfacción sexual de la mujer. ¿Cómo puede un hecho tan positivo (como es la revolución sexual de la mujer) haber causado daño...? ¿Cómo es que precisamente los nuevos conceptos dirigidos a la plena realización sexual femenina, puedan ocasionar la insatisfacción en ese aspecto? Es muy sencillo. Un viejo proverbio afirma que "todo en exceso es malo"... y en las relaciones sexuales, esto es perfectamente aplicable. Uno de los conceptos más divulgados por la revolución sexual femenina, es que:

- La mujer puede (y debe) alcanzar el orgasmo múltiple en sus relaciones sexuales. Es más, se proclama a los cuatro vientos que "la mujer sólo alcanza su plenitud sexual cuando logra dominar el secreto del orgasmo múltiple".

Pero la realidad es que no todas las mujeres pueden alcanzar esos orgasmos intensos y repetidos... y, entonces, no pueden evitar sentirse por debajo de lo que se consideraría "normal". ¿Resultado...? ¡Se sienten sexualmente insatisfechas... y esto causa serios conflictos conyugales!

En otras palabras: la revolución sexual ha confundido a la mujer en muchos aspectos relacionados con su sexualidad. Las mujeres tal vez esperan hoy demasiado de sí mismas, y de sus compañeros de sexo... y ahí es, precisamente, donde radica el punto central de su insatisfacción. En verdad, el multiclímax no es imprescindible para la satisfacción sexual de la mujer; es más, un solo orgasmo bastará para que la mujer se sienta sexualmente realizada.... todo depende, desde luego, del punto de vista que adopte al enfrentarse a la relación sexual:

- Si se enfoca el sexo como la máxima expresión del amor, como prueba de la salud mental, o sencillamente como una actividad placentera (y nada más), entonces se sentirá sexualmente satisfecha.
- Ahora bien, si esperan emociones violentas en cada encuentro íntimo con su hombre, como si estuviera en una montaña rusa a velocidades vertiginosas, entonces se sentirá sexualmente frustrada.

Estas situaciones serán resueltas, desde luego, una vez que las mujeres finalmente comprendan que cada ser humano es diferente y que no todas pueden esperar reaccionar de la misma manera ante los mismos estímulos. Expresado de otra forma:

- Lo que causa verdadero placer y satisface sexualmente a la mujer, es lo que realmente necesita para desarrollar su sexualidad, y sentirse plenamente satisfecha en lo que respecta a sus necesidades sexuales.

No le debe importar, por lo tanto, las necesidades de una amiga, ni lo que se publique en los libros y en las revistas. Quizás esa amiga y ese autor necesiten más en lo que al sexo se refiere para sentirse realizado en su vida íntima. En otras palabras:

- La sexualidad de cada ser humano no se debe comparar, porque cada persona es diferente y —por lo tanto— sus necesidades íntimas varían.

PARA COMBATIR LA INSATISFACCION SEXUAL,
LA MUJER DEBE MANTENERSE INFORMADA

Como todo en la vida se puede mirar desde distintos ángulos, este problema de la insatisfacción sexual en la mujer puede ser considerado como una situación muy negativa; sin embargo, visto desde otro ángulo, también puede tener su cara positiva. Efectivamente, el hecho de que un número creciente de mujeres se muestren sexualmente insatisfechas puede significar un paso de avance hacia una realización sexual más completa: quien se siente insatisfecha es porque es consciente de que puede lograr algo mejor. En este punto, estar informada de las realidades de su sexualidad es fundamental. Es decir, la mujer actual debe informarse de cómo funciona sexualmente (tanto ella como el hombre). Y, por supuesto, hacer los ajustes correspondientes para adaptarse a las realidades sexuales... y a las necesidades específicas de su caso en particular. ¡Evite así numerosos **conflictos conyugales**!

9 PASOS QUE
PERMITEN RESOLVER LA
INSATISFACCION SEXUAL

Las siguientes recomendaciones ayudarán a la mujer a solucionar los **conflictos conyugales** que son creados por la insatisfacción sexual... o contribuirán a evitar que caiga innecesariamente en este tipo de frustración en su vida íntima:

1
¡LA COMUNICACION ENTRE LOS
MIEMBROS DE LA PAREJA ES ESENCIAL!

El sexo es una forma más de relación entre los seres humanos y, por lo tanto, es imprescindible que ambos miembros de la pareja se comuniquen debidamente en este aspecto fundamental... que expresen cuáles son sus necesidades y sus preferencias en la intimidad, y cómo las mismas pueden ser alcanzadas. Esta comunicación debe sentarse sobre bases muy objetivas, y caracterizarse por una profunda sinceridad, honestidad, y —muy importante— deseo de comprensión.

2
¡ES PELIGROSO EVITAR EL ENCUENTRO SEXUAL!

Es muy importante evitar el rechazo abierto a la relación sexual cuando nuestro cuerpo (nuestra salud, o estado de ánimo) no se encuentra en condiciones óptimas para hacer el amor. Para ello pueden hallarse infinidad de soluciones colaterales o alternativas de actividad sexual... ¡y cualquiera de ellas resultará siempre preferible a negarse completamente a hacer el amor! Se ha comprobado que esta negativa a hacer el amor puede formar parte de un círculo vicioso peligroso: negativa-disgusto-negativa, que luego puede ser muy difícil de romper.

3
LA IMPORTANCIA DE LA FRECUENCIA...

Mientras realicemos el acto sexual con más frecuencia, mayores posibilidades tendremos de disfrutarlo a plenitud, alejando por tanto el peligro de la insatisfacción en la intimidad. Las relaciones sexuales representan un complicado proceso de retroalimentación. Esto significa que la realización de la propia actividad sexual en sí nos impulsa a ejecutarla nuevamente. Así, en cada nuevo encuentro sexual podremos obtener mayor placer y nos sentiremos más satisfechos en nuestras necesidades físicas más íntimas.

4
EL SEXO DEBE SER DISFRUTADO...

La actividad sexual debe resultar siempre placentera, divertida, agradable... nunca trabajosa. Para eso resulta imprescindible la selección adecuada del momento y el lugar precisos. Un acto sexual hecho formalmente, para cumplir el compromiso después de un agotador día de trabajo, en la oscuridad de la noche, durante quince o veinte minutos ("no más porque se hace muy tarde y hay que descansar") tiene muy pocas posibilidades de tener éxito. La actividad sexual necesita relajamiento y distensión, y para ello hace falta tiempo. La relación sexual contra-el-reloj marca el inicio de los **conflictos conyugales** en la pareja...

5
ES IMPORTANTE AMAR... ¡PERO SIN ASFIXIAR!

Insistimos: todo ser humano necesita —para realizarse como tal— tener algo de individualidad e intimidad. Y para ello resulta imprescindible contar con algunos instantes al día que nos podamos dedicar a nosotros mismos. No deben interpretarse tales reacciones como actos de desamor, o suponer que durante ellos nuestro hombre está pensando en otra mujer… o viceversa. El amor entre dos personas debe unir, pero nunca asfixiar. En determinados momentos, cada miembro de la pareja necesita espacio y tiempo. ¡Exíjalo para usted! ¡Concédaselo a su cónyuge!

6
¡NEUTRALICE LAS EXPERIENCIAS SEXUALES NEGATIVAS DEL PASADO!

Las consecuencias de las experiencias negativas en la actividad sexual que puedan haber existido en el pasado, han sido analizadas y debatidas extensamente. Todas las investigaciones realizadas al respecto demuestran que muchas personas que hoy se sienten insatisfechas en sus relaciones sexuales, tienen las bases de sus problemas en experiencias sexuales negativas que sufrieron en la infancia, adolescencia, o primera juventud. Es posible que estas experiencias negativas hayan sido reforzadas una y otra vez, y que su influencia se manifieste hasta en las etapas actuales.

¿Qué hacer? Analizar la situación con la mayor objetividad posible, por supuesto. Comprender que no se puede hacer nada por enmendar el pasado, y mirar hacia el presente con una actitud más positiva. De lo contrario, los problemas actuales no podrán ser resueltos. Es importante superar cualquier experiencia negativa que haya podido existir en nuestra vida sexual pasada, y comenzar una nueva etapa en la que el amor sexual, total, tenga la oportunidad de manifestarse plenamente. Las experiencias de infinidad de parejas en conflicto —finalmente resueltos— así lo demuestran.

7
¡EL AMOR NO SE PLANIFICA!

La actividad sexual, como el placer, no puede (ni debe) planificarse. Debemos disfrutar el amor con espontaneidad, sin considerar que el clímax sexual es la única meta para sentirnos sexualmente realizados. Cuando nos entregamos al amor con espontaneidad, sin mayores expectativas, lo disfrutamos más. ¡Sólo en esa entrega generosa es que podremos alcanzar la más sana satisfacción en la intimidad!

8
HAY QUE APRENDER A RECIBIR... NO SOLO A DAR

El criterio errado de muchas mujeres que se sienten insatisfechas en sus relaciones sexuales, de que tienen el deber de "dar algo" a su hombre, y la excesiva preocupación por lograr que el hombre se satisfaga al hacerle el amor, estropean el amor en sí y lo convierten en una obligación que ocasiona **conflictos conyugales**, desde luego. Hay que saber sentir... y recibir para que la actividad sexual sea más placentera, ¡para ambos miembros de la pareja!

9
¡LA RELACION SEXUAL ES INFINITA!

¡No es posible limitar la relación sexual a que se inicie y culmine en la cama! Es necesario salpicar con elementos sexuales todo el día, y cada una de las actividades en que nos involucremos. Esto no significa, en forma alguna, que nos convirtamos en seres obsesionados por el sexo, pero sí es importante darle continuidad al contacto físico con la persona que amamos, prolongándolo desde con una mirada insinuante hasta con unas dulces palabras de amor pronunciadas en un momento inesperado. Con ello se mantiene la magia de la relación íntima, y esa sensación de complicidad que sólo existe entre un hombre y una mujer que se aman realmente.

¡AUN QUEDAN MUCHOS HOMBRES
QUE ALBERGAN
CONCEPTOS RETROGRADOS!

Estos residuos de los antiguos conceptos con respecto al sexo son todavía frecuentes en los hombres actuales, los cuales no se resisten a perder su egoísta supremacía en el terreno sexual. Pero la realidad es que —si se analiza objetivamente la situación— las mujeres tienen tanta culpa de este estado de cosas como ellos, pues sienten el temor a comunicar a sus hombres sus intereses y necesidades sexuales más íntimas. Es decir, con la divulgación sexual que existe actualmente, las mujeres son conscientes de una serie de principios sexuales que son elementales:

- Saben —desde el punto de vista científico— que el proceso de excitación sexual en la mujer es mucho más lento que en el hombre. Esto provoca que el orgasmo femenino no se alcance con la misma rapidez que la eyaculación masculina.
- También son conscientes de que la estimulación del clítoris (y de todos los puntos eróticos femeninos), en la fase preparatoria para el acto sexual en sí, es fundamental para que puedan alcanzar el nivel debido de excitación y su satisfacción sexual. El hombre, en cambio, no necesita tanto de estos juegos preliminares.

Es difícil encontrar una pareja actual que desconozca estas dos realidades, pero a pesar de ello, los contactos sexuales de muchas parejas, desde sus inicios, sólo proporcionan satisfacción sexual al hombre. ¿Qué hace la mujer en estos casos? Calla, resignadamente. No reclama lo que necesita íntimamente... por pudor, o por temor a que su hombre la considere "anormal" en alguna forma. ¿No es éste un síntoma de que aún se mantienen vigentes muchos rezagos del pasado?

CAPITULO 4

¿CUAL ES
EL SECRETO DEL
BUEN SEXO?
¡MEJORE LA CALIDAD
DE SUS
RELACIONES
INTIMAS!

Si alguien tuviera una fórmula secreta para incrementar el placer de las relaciones sexuales, no hay duda de que sería la persona más influyente y rica del mundo. Incontables parejas se quejan de que su vida íntima "ya no tiene esa chispa de los primeros meses". Muchos se lamentan de que "ya no disfrutan del sexo en la misma forma en que antes"; otros llegan a confesar que "el sexo les aburre"... y entre una mayoría de parejas que una vez se amaron con pasión, surgen los **conflictos conyugales** inexplicables; sencillamente se separan porque no logran satisfacer sus necesidades físicas en los momentos íntimos. Y aunque es cierto que la pasión que por lo general caracteriza el principio de un romance tiende a calmarse con el tiempo, ello no impide que la pareja disfrute de una relación totalmente satisfactoria en la intimidad... a pesar del tiempo.

Lamentablemente, muchas parejas llegan inconscientemente al hastío sexual y no toman medidas efectivas para renovarse sexualmente. Sencillamente se limitan a forzarse a participar en situaciones íntimas que cada vez les complacen menos (hasta que llegan a repudiarlas), o se entregan a otros amantes, buscando en esa variedad una fórmula para derivar mayor placer sexual.

Esta actitud es equivocada, desde luego. Por ello, cuando usted perciba que no está derivando el placer que espera de sus relaciones sexuales, si comprueba que en sus encuentros íntimos falta esa pasión de las primeras veces, es hora de que tome medidas para mejorar la situación y rescatarla del fracaso hacia el cual parece encaminada. El hastío sexual es un factor en los **conflictos conyugales** que puede ser evitado; no tiene que resignarse a llevar una vida íntima aburrida y frustrada. Los especialistas hoy recomiendan varias formas de restaurar la chispa de la pasión sexual, de manera que usted disfrute al máximo cada experiencia íntima con su pareja. Siga las estrategias siguientes al respecto.

1
AL AMAR, ¡CAMBIE DE PANORAMA!

El error principal que cometen muchas parejas es limitar su actividad sexual al dormitorio y (¡peor aún!) a un día y hora determinadas. Como consecuencia, el sexo llega a convertirse en una rutina asfixiante para ellas. ¿Qué puede hacer ante una situación de este tipo? Improvisar, ser creativo. En ocasiones, propicie el inicio de un encuentro sexual en el lugar más inesperado, a la hora más inoportuna. Puede tomar una ducha con su pareja, por ejemplo. O iniciar el amor mientras están recostados sobre una alfombra... o mientras se cocina... o ya vestidos para asistir a una fiesta, aunque lleguen tarde.

De vez en cuando, para muchas parejas resulta estimulante pasar un fin de semana juntos (sin hijos ni amigos)... un fin de semana de renovación sexual... así podría ser considerado. Escápense al campo o a la playa. Recuerde que los siquiatras y los sexólogos están de acuerdo en que la rutina puede enfriar el amor más apasionado en la misma forma en que la diferencia de ambientes y situaciones ayudan a mantener viva la pasión y el interés de la pareja en la intimidad.

2
SU VIDA SEXUAL TIENE PRIORIDAD... ¡NO LA INTERRUMPA!

Cuando se colocan las relaciones sexuales en el último lugar de "cosas por hacer" —como si se tratara de una obligación o una responsabilidad más— no hay duda de que las relaciones íntimas sufren... ¡y grandemente! Muchas veces, al llegar la noche, las energías se han consumido en las actividades diarias, y si la pareja hace el amor a pesar del cansancio, se entrega a él sin pasión. ¿Consecuencia? El placer será limitado... la frustración grande.

Desde luego, no existe una regla que establezca que el sexo deba ser una actividad nocturna. Por lo tanto, aproveche esos momentos propicios del día, cuando ambos tienen el tiempo y las energías necesarias para ser creativos con respecto a la intimidad. ¡Reajuste su horario!

3
¡DESTINE PARTE DE SU TIEMPO AL AMOR!

Muchas parejas se quejan de que "ya no tienen tiempo ni para hacer el amor", y dan como pretexto el hecho de que "sus actividades los mantienen demasiado ocupados". En casos como éstos, ambos cónyuges deben escoger un momento de la semana para disfrutar de la intimidad... ¡a pesar de todo! Aunque pueda parecer algo bastante calculado y frío el reservar un día del calendario para el sexo, es una medida efectiva que resuelve una situación de alejamiento inconsciente en muchas parejas. Más que una obligación, al encuentro sexual programado se le puede dar la importancia de una cita romántica. Y bajo ninguna circunstancia —exceptuando una situación de emergencia— se puede permitir que factores ajenos interrumpan la cita de amor pre-establecida. Este método ofrecerá un aliciente durante toda la semana para disfrutar más del encuentro cuando éste se produzca.

4
EN LA INTIMIDAD, EXPERIMENTE CON DIFERENTES POSICIONES... ¡AUNQUE NO SEAN LAS MAS COMODAS!

Esto no significa que tenga que convertirse en un acróbata de circo durante las relaciones sexuales, pero debe admitir que hacer el amor siempre en una misma posición llega a aburrir (¡a ambos!) después de algún tiempo. ¿Qué puede hacer, entonces...? ¡Varíe de posiciones; sea creativo y flexible en los momentos de intimidad! Es posible que después de un período de experimentación, tanto usted como su pareja favorezcan unas formas más que otras, pero es muy importante mantener un repertorio de posiciones íntimas para no caer en la trampa de la gastada posición misionera, de la que tantas parejas llegan a cansarse. ¿Sabe cuántos matrimonios desarrollan serios **conflictos conyugales** por verse atrapados en la monotonía de la intimidad...? ¡Muchos! ¡Las estadísticas no engañan!

5
CONSIDERE QUE EL SEXO ES MUCHO MAS QUE ALCANZAR EL CLIMAX...

Para algunas parejas, si no llegan al "sexo total" (incluyendo la penetración y el clímax), la relación íntima no resulta satisfactoria. Sienten que han jugado al amor, pero que no han hecho el amor. Estas personas tienen la idea equivocada de que el sexo solamente es la unión sexual entre dos individuos. Y aunque a primera vista esto pudiera parecer cierto, es evidente que se puede disfrutar de una magnífica relación íntima si de vez en cuando la pareja prefiere acariciarse y satisfacerse mutuamente, sin llegar a la entrega total. Esto no solamente le ofrece variedad a la intimidad, sino que no presiona a ninguno de los dos miembros de la pareja a alcanzar el clímax... lo cual no siempre es posible. Con orgasmo o sin él, la pareja puede explorar diferentes maneras de hacer el amor y quedar satisfecha. Los juegos sensuales y las caricias forman parte integral de las relaciones sexuales y —en muchas ocasiones— pueden dar más placer que el coito en sí.

6
EN LOS MOMENTOS INTIMOS, EXPRESESE...
¡DIGA LO QUE QUIERA O SIENTA!

Es un error pensar que su pareja sabe exactamente cómo complacerle, por mucha experiencia sexual que tenga. Usted es quien debe dejarle saber cuándo un estímulo le proporciona placer, comunicarle sus deseos más íntimos, hacerle saber cuáles son sus necesidades físicas más urgentes. Puede hacer esto confesándole lo que le gusta ... ¿Una forma más sensual? Guíe su mano. Permita que descubra cuáles son sus puntos más sensuales y vulnerables, aunque usted puede insinuar cuáles son éstos de una forma sugestiva, que active aún más la pasión del encuentro íntimo.

7
EL AMOR SENSUAL...

Por supuesto, no siempre es posible lograr un ambiente romántico a la hora del amor, ya que a veces el sexo es algo que se produce inesperadamente... y esto también puede resultar muy estimulante. Sin embargo, ocasionalmente usted puede crear una atmósfera sensual que transformará el acto íntimo en una experiencia muy grata y totalmente fuera de lo común. Encienda velas en varios rincones de la habitación, perfume el ambiente con incienso, ponga música suave, destape una botella de *champagne*. Recurra a cualquier elemento que agrade a ambos contribuye a aumentar el placer sexual.

8
GUIE, PERO TAMBIEN DEJESE GUIAR...

Muchos hombres se quejan de que las mujeres esperan a que sean ellos quienes inicien siempre la actividad sexual. Y es cierto que esto sucede con frecuencia, por el concepto de que el hombre es el conquistador por tradición, y la mujer se deja conquistar... aunque ya no tanto como antes:

- Si usted es mujer, libérese de patrones arcaicos y sea la que domine la situación íntima ocasionalmente. Comience las caricias, susurre frases de amor al oído de su pareja.
- Los hombres tampoco tienen que sentirse obligados a ser siempre los iniciadores del acto sexual; permita que su pareja tome las riendas en determinados momentos, que sea ella quien inicie la relación íntima.

Esto proporciona frescura a las relaciones sexuales y, en muchas ocasiones, evita **conflictos conyugales** innecesarios.

9
EVITE LOS ELEMENTOS INTOXICANTES... ¡TODOS!

Una o dos copas de vino antes de hacer el amor pueden relajar el cuerpo y hasta pueden hacer las relaciones íntimas más placenteras y espontáneas. Varias copas de más pueden transformar el momento en un fracaso total. Demasiado alcohol produce efectos que interfieren con la actividad sexual: sueño, cansancio, y en algunos hombres, hasta situaciones de impotencia. ¿Qué hacer? Limite su consumo de alcohol antes de hacer el amor... si desea disfrutar del momento intensamente, con todos sus sentidos activados al máximo.

10
¡NO ESPERE SIEMPRE LOGRAR EL SEXO PERFECTO!

La tierra no tiene que temblar cada vez que haga el amor; sea muy consciente de esta realidad. Acepte que habrán ocasiones en que las relaciones sexuales no serán del todo satisfactorias. Esto es algo muy humano y normal. Lo mismo que algunas veces nos salen las cosas mal en otros contextos, es de esperar que no siempre vamos a disfrutar por completo del acto sexual.

Más importante aún:

- No se culpe usted —y tampoco culpe a su pareja— de cualquier fracaso que se pudiera presentar en la intimidad en un momento dado.
- Tampoco vale la pena hablar interminablemente sobre el asunto, ni indagar por qué no estallaron cohetes ni se produjeron estremecimientos convulsivos en el momento del orgasmo. Sencillamente ignore la situación, y espere que el próximo encuentro sea mejor.

11
RESUELVA CUALQUIER INCOMPATIBILIDAD
EN LOS HORARIOS...

Aunque muchas parejas no lo reconocen, algunas veces lo que ellas ven como conflictos sexuales no se trata de otra cosa que de un caso de incompatibilidad de horarios. Si a usted le gusta acostarse temprano mientras que su cónyuge se queda viendo la televisión hasta altas horas de la noche, es normal que surgirán problemas en sus relaciones íntimas. Es preciso reconocer esto de manera que ambos puedan hacer los ajustes correspondientes, sincronizarse, y así disfrutar de una vida sexual mucho más satisfactoria. ¡No pierda el ritmo en la intimidad!

12
NO MANTENGA UNA LISTA DE COMO
HAN SIDO SUS ENCUENTROS INTIMOS...

Algunas personas que se sienten insatisfechas con su vida sexual no reconocen que ellos mismos son los que crean el problema. Si la persona afectada por la insatisfacción sexual compara constantemente cada encuentro íntimo con otro anterior (aunque sea con la misma persona), puede desilusionarse. La mayoría tiende a darle un barniz de glamour a las situaciones del pasado, y la persona puede preocuparse tanto en que todo resulte como "en aquella noche gloriosa" que se olvida de lo que está sucediendo en el momento presente... que es, en definitiva, el que cuenta. Disfrute de la intimidad y concéntrese en dar y recibir placer... exclusivamente. Olvídese por completo de "esas otras ocasiones". ¡Viva en presente!

13
NO HAGA EL AMOR CON EL RELOJ EN LA MANO
Y CONTANDO LOS MINUTOS...

Infinidad de parejas que tienen demasiadas obligaciones sociales se ven en la necesidad de medir el tiempo que dedican a hacer el amor. Ya sea porque tienen que asistir a un evento determinado, llegar a una cita de negocios, o encontrarse con otra pareja para salir a cenar, reducen su vida íntima a un período de tiempo marcado estrictamente por el reloj. En algunas situaciones, ésta es la única manera de poder tener relaciones sexuales, pero por lo general éstas no resultan demasiado gratas... y los **conflictos conyugales** se van fraguando. No permita que usted y su pareja se conviertan en esclavos del reloj. Con la prisa rara vez se disfruta a plenitud de la relación íntima, y con el tiempo la intimidad llega a deteriorarse por completo.

14
¿ENMUDECE AL AMAR...?

El silencio absoluto en los momentos más íntimos de una pareja molesta a infinidad de cónyuges. Pero también se trata de una situación que puede ser solucionada con facilidad: sea usted quien susurre esas palabras sensuales y amorosas al oído de su cónyuge. Su pareja comenzará a responderle, especialmente si usted recurre a las frases saturadas de sensualidad que requieren respuesta.

No obstante, hay personas que se concentran tanto en el momento de hacer el amor que se niegan por completo a hablar, y esto tampoco tiene por qué aminorar el disfrute de la relación íntima. Por otra parte, existen parejas que hasta se confiesan sus fantasías más íntimas durante el momento del amor, empleando ciertas palabras que en otro momento pudieran considerarse hasta fuertes y fuera de contexto. En estos casos, todo es cuestión de cuáles son las preferencias personales. ¡Identifique las suyas... y manifiéstelas, sin inhibiciones de ningún tipo! Tenga presente que, en los momentos más íntimos, todo es normal si la entrega es verdadera.

15
¡HAGA EL "AMOR POSITIVO"! ¡NO ES DIFICIL!

En vez de pensar constantemente en las cosas que no le satisfacen al hacer el amor, considere los aspectos positivos de la relación... ¡porque no hay duda de que tienen que haberlos! Si pone en perspectiva el asunto, y piensa en lo que disfruta de la relación, no se sentirá tan pesimista con respecto a la intimidad conyugal. Haga un inventario mental de estos elementos y concéntrese en ellos la próxima vez que haga el amor.

16
¡CUIDADO CON LAS COMPARACIONES EN LOS MOMENTOS MAS INTIMOS! ¡EL PELIGRO ES GRANDE!

Algunas parejas hacen el amor tres veces al día; otras tres veces al año... la frecuencia varía en cada caso, y son muchos los factores que lo determinan así. Si usted y su cónyuge son personas promedio, es muy probable que caiga entre estos dos extremos. No compare su vida sexual con la de otras parejas; considere que su caso es único. Es posible que después de un tiempo de haber convivido con su cónyuge, ambos hayan determinado la frecuencia ideal de los encuentros sexuales para ambos. No obstante, si no se siente satisfecho con la situación, trate de iniciar la intimidad más a menudo. Pero siempre mantenga en mente que no es la cantidad, sino la calidad lo que realmente cuenta en las relaciones sexuales.

17
¡HABLE CON SU PAREJA... SIEMPRE!

Las parejas comparten miles de secretos entre sí, y esto ayuda a mantener una relación saludable. Pero a la hora de hablar de su vida sexual, muchas callan... inexplicablemente. Es como si el sexo fuera una especie de tema prohibido, algo que no debe mencionarse. Esta actitud de silencio muchas veces contribuye a que se manifiesten los **conflictos conyugales**. Por ello es tan importante que ambos cónyuges sean honestos y hablen abiertamente de la vida íntima de los dos como miembros de una misma pareja: de lo que les gusta, de lo que desearían hacer y cómo... Y en especial, de las cosas que no les satisfacen en los momentos de intimidad.

Una relación sexual positiva se basa en la confianza, en la sinceridad. Hasta que usted y su cónyuge no aprendan a comunicarse sus deseos con total sinceridad, no logrará que sus relaciones sexuales mejoren. ¡La buena comunicación es el primer paso para disfrutar el **BUEN SEXO**!

CAPITULO 5

CUANDO LA ARMONIA SEXUAL SE PIERDE... ¿COMO SE RECUPERA?

Veamos dos casos de matrimonios en los que la **armonía sexual** ha quedado interrumpida:

GEORGINA Q. es una mujer de 34 años, casada con un hombre de 29 desde hace tres años. Al principio de su matrimonio, la vida íntima de ambos era bastante activa... un promedio de tres a cinco encuentros sexuales semanales. En la actualidad, a veces hasta transcurren diez y quince días sin que el esposo de Georgina muestre el más mínimo interés en el sexo... y en la mayor parte de las ocasiones, la intimidad entre ambos es fría, "sin las emociones de antes" (la califica ella, evidentemente frustrada).

En ocasiones, si ella se le insinúa para hacer el amor, él no le responde con el clásico pretexto de "esta noche tengo dolor de cabeza... ¿por qué no lo dejamos para mañana?"... pero declina con amabilidad la posibilidad de tener relaciones sexuales. Georgina, por supuesto, opina que su esposo tiene una amante que consume toda su energía sexual, y es evidente que el **conflicto conyugal** entre ambos es grave. La realidad es muy diferente, ya que su hombre le es absolutamente fiel... sencillamente, está atravesando por una etapa de evidente desgano sexual que ya se ha manifestado en otros momentos de su vida, inclusive cuando era adolescente.

El caso de **JOSE P.** es diferente, pero también inquietante. Por lo general, su momento de mayor excitación sexual se manifiesta en la mañana, al despertarse. En ese momento es que le propone hacer el amor a su esposa... pero ésta, una vez que suena el timbre del despertador, sólo le preocupa preparar el desayuno para sus dos hijos, bañarse, y salir a tiempo para su trabajo, después de dejar la casa recogida. En cambio, una vez que llega la noche, su necesidad de amor es grande... Sin embargo, o bien José se ha quedado dormido frente al televisor mirando una película que no le interesa, o se siente tan cansado que, aunque trate, ni siquiera logra la erección... una situación que igualmente provoca serios **conflictos conyugales** entre los miem-bros de esta pareja.

Son situaciones diferentes de parejas en conflicto, porque en ellas se ha interrumpido la armonía sexual. Es decir, sus necesidades eróticas no siempre coinciden:

- Cuando él quiere, ella no puede o no tiene deseos...
- Si ella lo necesita, él no está mayormente interesado en los momentos íntimos.

Estas parejas, definitivamente, están en crisis. Por lo tanto, o hacen un ajuste para recobrar el equilibrio erótico y lograr que sus intereses sexuales coincidan, o es muy probable que sus matrimonios continúen deteriorándose, llegando a veces a situaciones insalvables.

Pero... ¿y usted... mantiene la armonía sexual en sus relaciones íntimas? Considérelo por unos instantes... Entonces, ¿se atrevería a responder a las siguientes preguntas claves para determinar cómo está funcionando su vida sexual en estos momentos? Le sugiero que aunque considere que pueda ofrecer una respuesta inmediata, medite por unos segundos para que tenga la seguridad de que su opinión va a ser honesta; es decir, que se ajusta a la realidad de sus sentimientos (no tiene por qué mentir, porque en verdad nadie va a saber cómo piensa):

- ¿Está satisfecho con el número de veces que hace el amor a la semana... o preferiría que sus encuentros sexuales fueran más frecuentes?
- Sus deseos sexuales y los de su pareja... ¿coinciden en intensidad, o a veces hace el amor sólo por complacer a la persona que ama... o quizás hasta porque considera que el sexo es una especie de obligación conyugal?
- ¿Existe entre usted y su cónyuge un horario establecido para la actividad sexual... la mañana, la noche... quizás los fines de se-mana?
- Cuando llega ese momento, ¿siente usted siempre el deseo de hacer el amor disciplinadamente, o preferiría dejarlo para "otra oportunidad"?

Y su cónyuge, ¿acaso sabe usted cómo opinaría si usted le planteara esta misma pregunta?

Si solamente respondiera en forma afirmativa a una de las preguntas anteriores, ello significaría que —sin lugar a dudas— hay un desequilibrio sexual en sus relaciones íntimas, y las consecuencias pueden ser funestas, a menos que tome acción rápidamente para recuperar el balance erótico en su vida sexual.

Hay diferentes elementos que influyen para interrumpir el balance en la intimidad de una pareja. A veces, por ejemplo, se puede presentar un desequilibrio ligero entre la energía sexual de ambos cónyuges (la energía física de uno puede ser mayor a la del otro) o tal vez un desbalance no muy marcado en lo que al apetito sexual se refiere. Cuando se presentan situaciones de este tipo, casi todos los cónyuges que han logrado una relación emocional intensa, basada en el amor, se muestran dispuestos a hacer los ajustes que corresponden para satisfacer físicamente a sus compañeros en la intimidad. No obstante, la situación hace crisis y surge el **conflicto conyugal** si el desequilibrio sexual es pronunciado, o si se prolonga por más tiempo del que los cónyuges están dispuestos a tolerar, o si ninguno de los dos hace el esfuerzo necesario por superar los obstáculos que han surgido en sus relaciones sexuales.

A pesar de que a veces imaginamos que las relaciones sexuales en muchísimos matrimonios son perfectas, e inclusive envidiamos la felicidad que proyectan al mundo exterior, la realidad es con frecuencia muy diferente. No quiero con ello decir que todos los matrimonios estén en crisis, pero muchos están afectados por el desequilibrio sexual, ya que no siempre es posible que ambos miembros de la pareja logren un acoplamiento sexual total en la intimidad.

Es más, por regla general en todas las parejas hay un miembro que podría ser considerado como la fuerza dominante en la relación, y es ése el que casi siempre exige una actividad sexual más intensa de lo que su cónyuge desea, necesita, o puede tolerar. Evidentemente, cuando se produce un desajuste de esta índole, es lógico que se interrumpa la armonía sexual y que surjan serios conflictos íntimos que muchas veces llevan a los **conflictos conyugales** a más de un "matrimonio feliz".

EL AMOR INTIMO... ¿CON QUE FRECUENCIA?

Esta es una de las preguntas más difíciles que infinidad de personas plantean a los especialistas... porque en realidad no hay una respuesta absoluta para ella... ¿dos, cuatro... cinco veces a la semana? Es importante tomar en consideración que cada persona es diferente, y que la combinación de dos personas (la pareja sexual) da origen a una situación todavía mucho más compleja. No obstante, todos los estudios científicos realizados al respecto demuestran que:

- El apetito sexual del hombre es, por lo general, más intenso entre las edades de 16 a 25 años;
- mientras que las mujeres alcanzan lo que pudiera considerarse su plenitud sexual entre los 35 y los 43 años, aproximadamente.

Pero es importante insistir en este aspecto: cada persona es distinta, y es muy posible que estas estadísticas que se consideran como promedio —y logradas mediante el análisis y encuestas realizadas a infinidad de parejas— puedan variar de un individuo a otro.

Sabemos, por ejemplo, que el hombre no es un ser más activo sexualmente que la mujer (como muchos pudieran pensar), ya que ésta puede tener un apetito sexual tan voraz como él. Por lo tanto, es imposible responder a la pregunta planteada afirmando que "tres o cuatro veces a la semana" es el promedio de encuentros sexuales que debe tener una pareja normal (como algunos presumen), porque también es preciso considerar muchos otros factores que pueden hacer que esta actividad sexual sea más o menos frecuente en determinados momentos... si las situaciones íntimas son más propicias, si hay más estímulos eróticos, si no están afectando determinados factores externos (como pueden ser los niños, los problemas laborales, o la presión del tiempo).

Pero el desbalance sexual sí es una situación que puede ser muy definida y que afecta a millones de parejas en todo el mundo... por lo tanto, resulta lógico que nos preguntemos si es posible encontrar una solución a esa interrupción en la armonía sexual. Digamos que —sea usted hombre o mujer— su cónyuge insiste en hacer el amor todos los días y usted, sin embargo:

- No tiene ese apetito sexual tan desarrollado.

- A veces acepta la situación y se deja envolver en los estímulos sexuales que emana su pareja, enfrascándose en una actividad sexual para la que, probablemente, no estaba preparado.
- Es posible que disfrute de los momentos íntimos, pero no con la intensidad de otras veces.
- Es más, a veces sentirá una frustración grande por no haber alcanzado la plenitud, porque —en muchas formas— el sexo puede ser comparado con la comida... el que conoce lo que es un plato gourmet, delicioso, no puede conformarse con nada menos. Lo mismo sucedería si le sirvieran un menú delicioso y no sintiera apetito. Los platos que le han presentado, sin duda son exquisitos, y usted así lo reconoce... pero su apetito en ese instante, lamentablemente, no es el mismo de otras veces y, por lo tanto, no disfruta a plenitud de la cena servida.

¿QUE HACER SI SE INTERRUMPE LA ARMONIA EN LA INTIMIDAD?

Es muy difícil recomendar a una pareja que se enfrenta a una interrupción en su armonía sexual qué es lo que debe hacer en situaciones de este tipo. No hay duda de que la comunicación entre los miembros de la pareja es la mejor manera de solucionar estos conflictos menores, antes de que provoquen el resquebrajamiento total de la relación. A veces es preciso llegar hasta un tipo de negociación elegante en la que ambos cónyuges se sientan complacidos y no aún más limitados en su vida sexual. Pero también es muy importante que usted sea consciente de la diferencia que existen entre los términos *frecuencia sexual* y *sexo positivo*. Es decir, la mecánica del acto sexual en sí no tiene secretos de ningún tipo, y hasta podría ser seccionada en una serie de fases, porque siempre se produce de igual forma (¡esto lo aprendemos en los libros!). En cambio:

- Hacer el amor en una forma plena es una actividad mucho más compleja que tener sexo, ya que no solamente requiere el involucramiento físico de la pareja, sino que el aspecto emocional cobra una importancia trascendental para que la plenitud sea total.

Este es el motivo por el que si usted en algún momento considera que sus relaciones íntimas se están convirtiendo en un acto mecánico, en el que no se involucran las emociones, debe hacer un alto en sus actividades para:

- Tratar de determinar qué factores son los que están provocando ese desequilibrio sexual, y considerar si la situación puede ser superada.
- Sobre todo, es fundamental determinar qué es lo que es preciso hacer para que el conflicto pueda ser salvado.

Afortunadamente —en una inmensa mayoría de los casos— la solución es bastante simple: la comunicación entre los cónyuges que todos los siquiatras, sicólogos y consejeros recomiendan a la pareja que está atravesando por un período de turbulencia conyugal. Es decir:

- Enfrentarse a la situación (porque existe, y es absurdo tratar de ignorarla).
- Hablar abiertamente sobre la misma.
- Mostrar una actitud positiva que conduzca a la superación del conflicto.

Si por el contrario los miembros de la pareja cierran los ojos ante el **conflicto conyugal** que está provocando el desequilibrio en la armonía sexual y trata de buscarle explicaciones al por qué de la situación (en el caso de Georgina M. trata de atribuir el desgano sexual de su esposo a su posible infidelidad, por ejemplo), no hay duda de que las especulaciones serán infinitas... y lo más probable es que los problemas aumenten rápidamente, hasta el momento en que ya será muy difícil recuperar el balance sexual.

CUANDO LAS FANTASIAS SEXUALES NO COINCIDEN, MUCHAS VECES SE PRODUCE EL ROMPIMIENTO DE LA ARMONIA SEXUAL

Está comprobado siquiátricamente que todos los seres humanos —aunque a veces no lo reconozcan así— recurren constantemente a las fantasías sexuales como un medio de estimulación sexual... se trata de un hecho que es absolutamente normal y que no debe preocupar ni avergonzar a nadie. Curiosamente, todas estas imágenes que se forman involuntariamente en nuestro cerebro, a veces pueden ser la solución a las situaciones de desbalance sexual en una pareja, porque pueden constituir fuente de nuevos estímulos que activen la vida íntima de un matrimonio sexualmente fatigado.

Lamentablemente, no todos los seres humanos tienen la sinceridad y la confianza que se requieren para manifestar abiertamente estos deseos sexuales que inhibimos por vergüenza. Sin embargo, en casos de desequilibrio sexual, los especialistas recomiendan que:

- Se propicien las confesiones íntimas para equilibrar sexualmente a los cónyuges y devolverles el dinamismo en la intimidad.

Si sus relaciones íntimas se hallan en crisis porque la armonía sexual no es la mejor del mundo, considere los siguientes puntos:

- ¿Ha definido usted cuáles son sus fantasías sexuales más frecuentes?
- ¿Desea hacer el amor en una posición diferente, en otro lugar y a otra hora...?
- ¿Qué es lo que realmente lo estimula en la intimidad?

Es importante que ambos cónyuges definan —sin falsos pudores o temores de ningún tipo— cuáles son sus fantasías más íntimas... y que de alguna manera traten de implementarlas para reactivar su vida sexual. Es fundamental mantenerse sexualmente creativo en todo momento, ya que esta técnica de la variación y la exploración de nuevas fronteras en la sexualidad constituye un antídoto infalible para evitar (o corregir) el desequilibrio sexual.

Pero igualmente, si usted está realmente interesado en volver a encontrar el punto de balance sexual, es importante que escuche cuáles son las fantasías sexuales de su cónyuge y que, asimismo, trate de implementar aquéllas con las que usted esté de acuerdo. Estas confesiones íntimas —insistimos— constituyen un poderoso estímulo afrodisíaco y una cura natural para parejas cansadas sexualmente que llegan a un punto de inercia en sus relaciones íntimas.

¿COMO RECUPERAR EL EQUILIBRIO SEXUAL QUE SE HA PERDIDO?

La llamada pareja sexual está integrada por dos individuos de diferente sexo que tienen una constitución física distinta, con una capacidad de emociones que varía, y que están condicionados por estímulos diversos. Además, sobre ella están influyendo constantemente una serie de factores externos (con mayor o menor intensidad) que deben ser tomados en consideración al analizar los motivos por los que se pueda haber producido el clásico desequilibrio sexual. Esperar que todos estos elementos funcionen acopladamente, en todo momento, es tonto:

- En muchos casos, la pareja llega a adaptarse y a hacer determinadas concesiones con tal de mantener el balance sexual... y —la experiencia demuestra— ésas son las parejas inteligentes que llegan a ser felices en matrimonios prolongados.
- En otras situaciones, este ajuste sencillamente no es posible... y es en esas circunstancias en que se rompe el balance que surgen las situaciones de crisis.

Si se presenta este tipo de situación, la pareja puede hacer ajustes e incorporar en sus hábitos íntimos las técnicas sexuales de siempre —aunque pocas veces implementadas— que contribuyan a devolverle el equilibrio sexual perdido o nunca alcanzado. Entre estas técnicas se encuentran las siguientes:

- Saber negarse a las relaciones sexuales cuando no se tiene el deseo sexual necesario para hacer el amor... y evitar por todos los medios hacerlo por compromiso. Si estas situaciones se presentan con determinada frecuencia, entonces hay que ser consciente de que existe una situación de peligro que debe ser analizada para tomar la acción positiva correspondiente.
- Aceptar la negativa del cónyuge a hacer el amor en un momento determinado, sin censurarlo o recriminarlo por ello. Es importante tener presente que el nivel de energía de cada ser humano es diferente. Nuevamente, si estos episodios se repiten... ¡atención!
- Si preferimos aceptar la invitación sexual de nuestro cónyuge, y no estamos aún completamente preparados para ello, hay mil maneras diferentes de desviar la sugerencia sexual hacia otros estímulos... y permitirnos el tiempo necesario para que nuestro nivel de erotismo sea el adecuado para responder plenamente en la intimidad.
- Un estímulo sexual grande para recuperar el equilibrio sexual perdido es confesarle a su compañero de intimidad lo que desea al hacer el amor; igualmente, escuchar cuáles son las necesidades de su pareja.
- Las fantasías sexuales pueden ser estímulos sumamente importantes en la intimidad. Confíe las suyas... escuche cuáles son las de su cón-

yuge. Complázcanse el uno al otro... siempre que ambos estén de acuerdo en la creatividad sexual empleada, nunca imponga sus preferencias.

- Cuando no haya un acuerdo mutuo sobre este aspecto, vuelve a provocarse el clásico desequilibrio sexual. En estos casos, la aceptación y el respeto de un cónyuge hacia el otro por lo general devuelven la armonía a la relación.

- Es importante considerar que el acto sexual no puede ser una cuestión mecánica automática. Para que sea pleno se requiere del involucramiento físico y emocional total de ambos miembros de la pareja. Si el grado de sexualidad no es el más indicado, refúgiese en el oasis sexual (vea la información adicional que se incluye en estas mismas páginas) hasta que se sienta lo suficientemente fuerte como para continuar la trayectoria hacia metas más definidas.

¡PARA HOMBRES SOLAMENTE!

¿COMO POSPONER HACER EL AMOR SI LA MUJER ES MUY EXIGENTE?

No siempre es el hombre quien hace alarde de su vitalidad en la intimidad, ya que son incontables los casos de mujeres que llevan la parte más activa en una relación sexual y las que provocan el desequilibrio sexual en las relaciones íntimas, precisamente porque esperan más de lo que el hombre les puede proporcionar. En estos casos, los especialistas recomiendan que la mujer sea sincera y que exponga a su compañero de sexo, sin evasiones, cuáles son sus necesidades y preferencias íntimas, incluyendo aquéllas que pudieran ser consideradas como "inquietantes". Es un riesgo que debe correr, y muchos hombres saben —y están dispuestos— a aceptar el reto que se les plantea; en otros casos, se apresura un desenlace que en definitiva habría sido inevitable: el **conflicto conyugal** final: un rompimiento o un divorcio.

En algunas situaciones en que la sexualidad de la mujer es más exacerbada que la del hombre, hasta es recomendable que la mujer exponga tres elementos en la técnica de amar de su compañero que ella quisiera modificar... El, por su parte, deberá escuchar y analizar estas sugerencias (por lo general las mismas constituyen un estímulo erótico poderoso) e implementarlas... dentro de todo lo posible. En todo caso, la sinceridad es la recomendación constante de los especialistas... El hombre no se puede sentir forzado a hacer el amor, por mucho que ame a la mujer en cuestión. Y si la situación de conflicto se repite con más frecuencia de la debida, el análisis se impone... y este libro puede orientar debidamente al hombre que se halla ante **conflictos conyugales** de este tipo a encontrar la solución adecuada para su caso en particular.

¡PARA MUJERES SOLAMENTE!

¿COMO DECIRLE "NO" A UN HOMBRE MUY APASIONADO?

Hay hombres que sin duda tienen una gran energía sexual, y necesitan hacer el amor prácticamente todos los días. No todas las mujeres están preparadas para una actividad sexual tan intensa, y es natural que en algún momento su erotismo no coincida con el de su apasionado cónyuge. ¿Qué hacer? Hay varias alternativas:

- Una estrategia que produce efectos positivos es desviar la atención sexual del hombre hacia otros estímulos que sean igualmente sensuales, de manera que la mujer en cuestión tenga el tiempo suficiente para despertar sus propios instintos íntimos y prepararse adecuadamente para el encuentro sexual al que la están invitando. Hay que tomar en cuenta que la sexualidad de la mujer no es igual que la del hombre... La mujer necesita de más tiempo para desarrollar su capacidad erótica que el hombre; por lo tanto, si se le brinda el tiempo necesario, puede reaccionar sexualmente con la intensidad normal. Pero el hombre, en ningún momento puede esperar que su sexualidad se active al instante, como si encendiera el interruptor de la luz.
- Una alternativa adecuada es sugerirle beber una copa de vino, o darse un masaje mutuo, o iniciar cualquier otro tipo de actividad erótica que estimule los instintos sexuales femeninos, de manera que progresivamente se vaya induciendo en la mujer el mismo plano de excitación que él ya muestra. Algunos especialistas llaman a esta técnica "encontrar el oasis sexual"; es decir, hallar el punto y la forma

de reparar energías y prepararse para continuar la trayectoria hacia el destino sexual. También, es importante tener en cuenta que cada ser humano tiene su propio *oasis sexual,* y que el tiempo que cada individuo necesita pasar en él para seguir adelante varía de una persona a otra.

¡MANIFIESTE SUS DESAVENENCIAS SEXUALES!

En ocasiones, la interrupción de la armonía sexual en la pareja se produce porque uno de los cónyuges no está de acuerdo con las manifestaciones de creatividad sexual del otro y, sin embargo, se somete resignadamente a ellas... por generosidad, por pena, por obligación, o porque no encuentra otra alternativa. En estos casos —más tarde o más temprano— la situación de desequilibrio sexual hará crisis.

Muchas personas aceptan hacer lo que no quieren en la intimidad porque piensan que una negativa puede provocar el resentimiento en el cónyuge rechazado y dar lugar a conflictos. Así, para evitar una negativa a tener que sostener relaciones sexuales, la cual pudiera considerarse ofensiva:

- Muchos cónyuges (hombres y mujeres por igual) recurren a las llamadas técnicas evasivas para ignorar los avances sexuales de sus compañeros: o bien se hacen los dormidos, o tienen dolores de cabeza o de espalda, o se involucran en el trabajo en forma obsesiva.
- En ocasiones extremas, hay cónyuges que inclusive prefieren tener una confrontación agresiva con tal de escapar al encuentro sexual... ¡ya esto es síntoma de una interrupción de la armonía sexual que casi podría ser considerada como definitiva!

Es evidente que las tácticas evasivas afectan negativamente las relaciones de la pareja, e inclusive puede llevar fácilmente a los cónyuges a la violencia. Sin embargo, hay muchas formas de superar las situaciones sexuales con las que no se está de acuerdo. La más adecuada —y la que más resultados positivos genera— consiste en:

- Manifestar la verdad de sus sentimientos a su cónyuge, a la misma vez, asegurándole que esto no significa en forma alguna que su amor o su deseo sexual hayan variado.

Simplemente, al igual que hay colores que rechazamos o ritmos que no nos gustan tanto, en la vida sexual de la pareja hay elementos que se prefieren a otros. Un cónyuge inteligente sabrá comprender... ¡y aceptar!

¡LOS INTERESES SEXUALES NO SIEMPRE COINCIDEN EN AMBOS MIEMBROS DE LA PAREJA!

Es evidente que cada persona manifiesta sus intereses sexuales de una forma diferente, y no siempre hay que aceptar las proposiciones sexuales del cónyuge, por mucho que lo ame, lo comprenda, o quiera complacerlo. De la misma manera que usted conoce ya cuáles son sus preferencias y necesidades físicas (y en ocasiones acceda a sus sugerencias para hacer el amor), el otro cónyuge debe tomar en cuenta las suyas y aceptar igualmente la realidad ineludible de que:

- Hay momentos en los que el sexo sencillamente no es posible, porque no existe el factor principal que enciende la llama de la pasión en la intimidad: el deseo.

Ahora bien, si su cónyuge es desconsiderado, y a pesar de ello insiste, mostrando únicamente un interés egoísta por satisfacer sus deseos, entonces usted está en todo su derecho para negarse amablemente a entregarse a la actividad sexual, y no sentirse culpable... consciente, por supuesto, de que se ha producido una interrupción en la armonía sexual, la cual debe ser superada para evitar que la relación conyugal se deteriore progresivamente.

FINALMENTE... ¿POR QUE SE ROMPE LA ARMONIA SEXUAL EN LA PAREJA?

Es posible que no siempre nos demos cuenta, pero la realidad es que cada ser humano es diferente, y su nivel de energía emocional y sexual varía. En este aspecto, son muchos los factores —internos y externos— los que pueden influir en el desequilibrio sexual de dos cónyuges:

- Entre los factores internos, por ejemplo, es posible que el individuo padezca de algún tipo de deficiencia orgánica (o inclusive, de alguna enfermedad), o que esté fatigado por una labor física o intelectual intensa, o, sencillamente, que su constitución física sea más débil que la de su compañero sexual. Y al mencionar una constitución física más débil, ello no quiere decir que sea siempre la mujer la que se halle en desventaja, pues las estadísticas revelan que muchos hombres que presumen de su vitalidad y que inclusive hacen alarde de una mas-culinidad exacerbada, en realidad están lejos de tener el mismo apetito sexual intenso que las mujeres que tratan de satisfacer... sin lograrlo.

- También es preciso considerar los factores externos, que pueden ser determinantes en los conflictos sexuales que a veces surgen en la pareja. Si hay problemas económicos en el hogar, situaciones fami-liares conflictivas, cuestiones de trabajo que plantean incertidumbre... es natural que uno (o ambos) miembros de la pareja se sienta afectado, intranquilo, y no en la disposición apropiada para hacer el amor con la frecuencia o intensidad de antes de que surgieran esos problemas. ¡Todos sabemos por experiencia propia que cuando el ánimo está caído, el apetito sexual disminuye... y a veces hasta llega a desapa-recer por completo!

CAPITULO 6

¿TENSION SEXUAL, ANSIEDAD... O IMPOTENCIA SICOLOGICA?
¡EL CONFLICTO MASCULINO QUE MUCHAS MUJERES NO PUEDEN DESCIFRAR!

Muchas mujeres se quejan del desgano sexual de sus hombres; es decir, protestan porque no tienen relaciones sexuales con la frecuencia y la intensidad que esperarían... o que desearían. Cuando el sexo no se produce con cierta periodicidad, inmediatamente muchas saltan a conclusiones... y la gama de éstas parece no tener límites: desde que el hombre le es infiel y consume toda su energía sexual con una rival, hasta que su matrimonio está en peligro porque, sencillamente, ella ha perdido su atractivo físico y, por lo tanto, ya no le gusta a su hombre en la misma forma de antes.

Estas son las quejas y las preocupaciones obsesivas que escuchamos constantemente de esposas que consideran que su vida sexual se halla estancada. Sin embargo, solamente hay que aplicar un poco de lógica al analizar la vida-en-pareja para comprender que la tensión nerviosa y la ansiedad pueden apagar todo el deseo sexual en el hombre más potente, y erigir progresivamente obstáculos muy sólidos que llegarán a aislar a una pareja aparentemente enamorada.

- Lo mismo que sucede con el alcohol y las drogas (elementos que muchos consideran, equivocadamente, que les ayudarán a "funcionar mejor" en sus encuentros íntimos), el llamado "estrés sexual" es el peor enemigo de la vida íntima de la pareja y uno de los factores que con mayor frecuencia provocan ese desgano sexual masculino que frustra a tantas mujeres.

- En algunos casos, el estrés en la intimidad atrofia definitivamente el mecanismo sexual del hombre, incapacitándolo para lograr la erección, mantenerla, y poder consumar el acto sexual.
- Si estos episodios de impotencia sicológica temporal se repiten, es evidente que la situación conyugal se complica considerablemente... y el hombre comenzará a buscar excusas para evadir la intimidad con la esposa, desarrollándose una situación mucho más compleja que con frecuencia pueden llegar a desarrollar una impotencia sicológica permanente en él. Es decir, su vida sexual puede quedar anulada por la ansiedad y la tensión sexual... pero también por la incomprensión y exigencias de su compañera de intimidad.

¿QUE CAUSA EL ESTRES SEXUAL EN LA PAREJA?

Son varios los factores de tipo emotivo que pueden llegar a interrumpir la actividad sexual normal de un individuo, y los principales podrían ser los siguientes:

- La interrupción del deseo sexual debido a un estado de ansiedad, ira, depresión, complejo de culpa... o una combinación de todas estas emociones evidentemente negativas.
- Un trastorno muscular (es decir, motor) que trae como consecuencia la tensión muscular extrema y la fatiga nerviosa. Naturalmente, el hombre que se siente cansado, no tiene deseos de hacer el amor a su mujer. Si se ve obligado a una situación de intimidad con ella, temerá no poder actuar adecuadamente, se sentirá invadido por la ansiedad y el estrés... y lo más probable es que no logre la erección.
- Trastornos en la percepción y la valoración adecuada de las situaciones diarias. En estos casos, se sacan fuera de toda proporción las situaciones que nos afectan cotidianamente, se trastornan los mecanismos de adaptación social, y con ellos se interrumpe la motivación personal y sexual del individuo. En esta categoría caen los conflictos personales, las preocupaciones relacionadas con el trabajo, los problemas económicos, etc.

En efecto, para que pueda existir una relación sexual plena, de satisfacción total mutua, es necesario que ambos miembros de la pareja se encuentren en un estado especial de excitación que permita un intercambio amoroso efectivo. Si una de las partes "siempre quiere", y la otra es partidaria de "amar sólo en determinados momentos", una de ellas puede pensar que la otra no está cumpliendo adecuadamente el papel que le corresponde en la relación amorosa... en el juego sexual, experimentando entonces ese estrés sexual incapacitante, que puede ir en incremento si no se le pone remedio a la situación.

La ansiedad es uno de los factores principales que inciden directamente sobre la actividad sexual del hombre (y también de la mujer, desde luego):

- **A mayor grado de ansiedad, menor apetito sexual.**

Cuando un hombre tiene preocupaciones grandes con respecto a su trabajo (una nueva posición, un proyecto al que no sabe cómo enfrentarse, la competencia de un compañero, la intriga en el centro de trabajo, la posibilidad de despido, etc.), o si está sometido a grandes tensiones en su vida personal, es muy probable que a la hora de la intimidad ni siquiera pueda reaccionar como se esperaría ante determinados estímulos físicos que sí podrían excitarlo en situaciones normales. En muchos casos se produce ese círculo vicioso que todos conocemos:

- **El hombre lleva sus conflictos laborales o personales a la cama, y su preocupación lo hace fracasar en el encuentro sexual (o el mismo no le satisface plenamente).**

¿Qué sucede? Pues que se siente frustrado por el papel deficiente que ha desempeñado con su compañera de sexo, se irrita al comprobar su incapacidad física, se preocupa de que la misma pueda ser una situación de impotencia permanente, y con frecuencia hasta se entrega a escenas de celos o violencia para justificar de alguna manera ese mal funcionamiento en la intimidad. Evidentemente, comenzará a evadir el encuentro sexual por temor a que se repita una situación similar, y así sus relaciones sexuales serán más esporádicas, hasta que la vida sexual con su compañera llegue a ser nula. No hay que mencionar que las frustraciones entre los miembros de una pareja que sufran los efectos de este círculo vicioso serán grandes; muchas veces, el **conflicto conyugal** que surge llega a ser insalvable.

¿CUAL ES EL ORIGEN DE NUESTROS DESEOS SEXUALES?

Para comprender bien cómo el estrés y la ansiedad sexuales destruyen el apetito sexual del individuo más apasionado, es importante saber cómo se manifiestan los deseos de hacer el amor —desde el aspecto fisiológico— en nuestro organismo:

- El deseo sexual se produce como resultado de la interacción orgánica entre hormonas, circuitos nerviosos, y factores sicológicos. El sistema límbico, el hipotálamo, y los lóbulos temporales del cerebro desarrollan un papel de especial importancia en todo este complejo proceso. Pero, además, es importante no confundir la aparición natural del deseo (o apetito sexual, si queremos llamarlo de otro modo) desde el interior del individuo, con el deseo que se provoca mediante la estimulación intencionada de las partes genitales; son procesos completamente diferentes.

Es decir, el verdadero apetito sexual surge porque los factores sicológicos interactúan con todo el organismo, como una unidad indisoluble. Si el sistema nervioso está afectado por el estrés y la ansiedad, y los conductores nerviosos no pueden llevar (o trasmitir) adecuadamente los impulsos a las distintas partes del cuerpo que forman parte del mecanismo sexual de la persona, éste no se produce o, sencillamente, queda distorsionado.

Así podemos ver que las parejas que se ven precisadas a tener relaciones sexuales "por obligación" (una situación que es más frecuente de lo que podríamos suponer) están desarrollando un trastorno sicológico que se manifiesta por medio del estrés y que paulatinamente irá destruyendo el apetito sexual de ambos miembros de la pareja. Esta "obligación", por ejemplo, provoca un estado de ansiedad, un estrés, que llegará a convertirse en un factor capaz de interrumpir el mecanismo sexual normal de la pareja. Y son muchos los casos de matrimonios que ven arruinadas sus vidas íntimas porque no logran detener a tiempo este proceso de tensión progresiva que va afectando directamente sus vidas sexuales... no son capaces de crear nuevos estímulos que aumenten su apetito sexual, al cual lo ahogan con la rutina y el deber conyugal mal entendidos.

Muchas veces el estrés se provoca cuando el hombre experimenta las llamadas "crisis de identidad"... cuando se avergüenza de su propio cuerpo, cuando piensa que no le gusta a su compañera, etc. En estos casos, la ansiedad que provoca en él el encuentro íntimo puede interrumpir definitivamente su mecanismo sexual y provocar una apatía sexual total, temporal o definitiva (según de intenso sea su complejo). Otra forma de estrés sexual se puede manifestar si existen desniveles culturales o sociales... cuando el hombre se siente relegado a un plano secundario porque su nivel de autoestimación es bajo. Estos complejos se desarrollan muchas veces fácilmente, y llegan a aniquilar el apetito sexual del individuo afectado, debido al estrés que imponen a su siquis el temor al rechazo por parte de su compañera de sexo, y la lucha por evitarlo.

¿COMO EVITAR QUE LA TENSION DISMINUYA EL APETITO SEXUAL?

Si el origen de la ausencia de apetito sexual es puramente sicológico, por lo general la situación se puede resolver con mayor o menor facilidad, por medio de la intervención de un sicólogo que esté realmente capacitado para recomendar la actitud a seguir para neutralizar el conflicto que se ha presentado. Pero si la tensión sexual ya ha provocado desórdenes más graves (situaciones de impotencia, por ejemplo), entonces el tratamiento exige una mayor profundidad.

En primer lugar, es un hecho comprobado que la tensión nerviosa por lo general afecta a ambos miembros de la pareja... si es el hombre el que la padece, es indudable que su deficiencia en la intimidad (o su falta de interés sexual) llegará a afectar a la mujer. Por lo tanto, los profesionales casi siempre prefieren tratar simultáneamente a los dos cónyuges y, de alguna forma, reorganizar sus hábitos de vida... hacer un replanteo de su rutina diaria y someterlos (a ambos) a un análisis introspectivo de la situación para poder determinar, con precisión, dónde está fallando el mecanismo sexual, y cuáles son los ajustes que deben realizarse para que el mismo vuelva a funcionar con la normalidad debida.

Este tipo de tratamiento generalmente comienza con una conversación abierta y franca entre la pareja y el sicólogo, y el intercambio de opiniones no significa un encuentro violento entre ambos cónyuges, sino un diálogo positivo que permita la comunicación entre el hombre, la mujer, y el sicólogo (éste debe abstenerse de tomar partido por ninguna de las partes). Si el profesional logra orientar adecuadamente el intercambio de opiniones y establecer un nivel positivo de comunicación entre los cónyuges, los complejos y las culpas comenzarán a manifestarse paulatinamente, revelando cuáles son las limitaciones y las causas ocultas que están provocando ansiedad en las relaciones entre los miembros de la pareja y disminuyendo, por lo tanto, su apetito sexual. Precisamente, llegar a tomar consciencia de esta situación es lo que permitirá que la pareja pueda hacer los ajustes correspondientes para normalizar su vida íntima en un plazo más o menos corto.

¿QUE PUEDE HACER PARA EVITAR QUE EL ESTRES SEXUAL ARRUINE SU VIDA INTIMA?

Como es evidente, la tensión nerviosa es un enemigo oculto que corroe la felicidad conyugal, frustra y siembra desconfianza en la intimidad de la pareja. Por ello, para evitar que la tensión nerviosa arruine su vida íntima:

- Lo primero que debe hacer el hombre afectado es no llevar nunca los problemas del trabajo al hogar, y mucho menos a la intimidad. Es imprescindible aprender a separar una situación de la otra y, sobre todo, tener el autocontrol suficiente para que sus problemas personales no se reflejen en sus encuentros íntimos.
- Por supuesto, es imprescindible saber defender la privacidad en esos momentos más íntimos, y no permitir que elementos extraños se infiltren en el dormitorio e interrumpan la plenitud de los encuentros sexuales. Esto es muy fácil. Por ejemplo, si está a solas con su pareja, en una disposición amorosa, descuelgue el teléfono, mantenga bajo control a los niños, apague el televisor, no permita que los estímulos externos distraigan su atención (o la de su pareja) del momento que usted está protagonizando... y ésta es una palabra clave, porque en definitiva, usted y su pareja son los protagonistas de ese encuentro sexual que tiene importancia fundamental para la estabilidad emocional de ambos.
- Disfrute a plenitud el momento presente, que es lo único que en verdad usted tiene. El pasado ya no está bajo su control; no puede alterarlo. ¿Y el futuro...? Es siempre incierto.

Si usted es capaz de aplicar estas tres recomendaciones sencillas a todas las situaciones que afectan sus relaciones sexuales, no hay duda de que su perspectiva de la vida será mucho más razonable, y su vida íntima será más intensa, frecuente, y placentera. ¡Estará evadiendo que se manifiesten los **conflictos conyugales**!

¿EPISODIOS DE ANSIEDAD SEXUAL?

El temor a no satisfacer a la mujer cuando hace el amor provoca ansiedad sexual en muchos hombres. Si este pánico íntimo no es canalizado en la forma debida, las consecuencias pueden afectar seriamente su vida íntima. Pero... ¿sabe usted en qué consiste realmente la ansiedad sexual? Quizás nunca haya prestado atención a la posibilidad de que todos estos trastornos físicos y emocionales que lo están afectando tienen ese origen: inquietud, tensión e incertidumbre al hacer el amor. Sin embargo, todas las reacciones negativas que provoca la ansiedad sexual pueden afectar de una manera directa sus relaciones sexuales, así como toda su vida afectiva y sentimental.

Como primer paso para resolver cualquier conflicto que pueda derivarse de su ansiedad sexual (si es que la padece) le sugerimos que se someta al test que presentamos a continuación para que determine si en verdad está usted sufriendo de este tipo particular de desajuste emocional, el cual puede ser la causa de su desgano sexual. Compruebe hasta qué punto este estrés le está afectando su vida íntima. Responda a las cinco preguntas que relacionamos a continuación; las respuestas que ofrezca a las mismas le orientarán con respecto a la dirección que puede tomar.

1. A su entender, ¿cuáles de estos síntomas son los que están relacionados directamente con la ansiedad sexual?
- Molestias en la región abdominal... una especie de "sensación de llenura" en la zona de los genitales.
- Dolores de espalda, sin causa aparente alguna.
- Fatigas, falta de energía general.
- Insomnio y trastornos en el sueño.
- Dolores en la zona genital.
- Obesidad.
- Asma bronquial.
- Dermatitis, erupciones en la piel.
- Episodios de impotencia.
- Estreñimiento.
- Falta de apetito.
- Palpitaciones.
- Retención de la orina.
- Convulsiones.
- Sudores fríos (en el cuerpo y en las manos).

2. Cuando un hombre acude al médico porque está padeciendo de una situación de ansiedad sexual, casi siempre se queja de:

- Se queja directamente sobre el funcionamiento de sus órganos genitales.
- Se queja indirectamente sobre sus órganos sexuales.
- Se queja indirectamente sobre el funcionamiento de órganos que no tienen nada que ver con su sexualidad.
- Hace preguntas indirectas al médico relacionadas con el proceso del envejecimiento del ser humano; evidentemente, le preocupa la vejez a la que tal vez está llegando.
- Se queja de que está padeciendo de estados de ansiedad general.
- Hace saber que está preocupado sobre su comportamiento sexual en general ("¿Satisfago a mi esposa en los momentos más íntimos?", es la pregunta que el individuo que padece de ansiedad sexual se plantea con mayor frecuencia).

3. ¿Cuáles de estos métodos son los que generalmente utiliza un médico para determinar si el paciente está padeciendo realmente de ansiedad sexual?

- Comienza a interrogar directamente al paciente con respecto a su vida sexual actual.
- Prepara una historia clínica rutinaria, la cual incluye preguntas ocasionales sobre su vida sexual.
- Plantea una serie de preguntas sexuales, siempre con un asistente presente.
- Se muestra escéptico cuando el paciente le informa sobre una serie de trastornos de índole sexual que él considera que lo están afectando en cuanto a sus relaciones íntimas.

4. Para poder tratar al hombre que sufre de episodios de ansiedad sexual, es fundamental que el especialista entienda perfectamente...

- La naturaleza exacta de sus emociones.
- Las causas que están provocando la situación de ansiedad.
- La intensidad de las emociones negativas que estén afectando al paciente (en general).

5. Podemos decir que la ansiedad sexual casi siempre provoca trastornos de diferente índole en el organismo. Esto se debe a:

- Sentimientos de cupabilidad que experimenta el individuo con respecto a su sexualidad.

- A las malas interpretaciones acerca de diferentes cuestiones sexuales.
- A tabúes sexuales y prohibiciones relacionadas con la vida sexual del individuo, inculcados desde que era pequeño.
- El concepto de que el "el sexo es una fuente de placer"... y el temor a no obtener ese placer durante las relaciones íntimas.
- El concepto de que "el ser humano necesita estar unido a otra persona"... y el temor a ser rechazado.
- El concepto de que "el clímax (y la eyaculación) es como una válvula maravillosa que alivia la tensión nerviosa del ser humano"... y el temor a no alcanzarlo.

¿QUE SIGNIFICAN LAS RESPUESTAS?

PREGUNTA 1. Todas las respuestas son correctas. La salud del hombre que sufre de ansiedad sexual puede verse fácilmente afectada. El dolor de cabeza, los episodios de insomnio, el dolor en la espalda, y los estados de fatiga general son todos síntomas comunes que presentan los individuos que sufren de ansiedad sexual.

De la misma manera, es importante considerar que nos ha tocado vivir en una época altamente competitiva, y todos nos estamos comparando siempre (los unos con los otros) para comprobar si somos "mejores" o "peores" que los demás. Es lógico que nuestra preocupación por considerar que no estamos a la altura de los patrones reconocidos como promedio nos provoque ansiedad sexual. Si no somos atractivos, no podemos gustar y, por lo tanto, no somos capaces de satisfacer a nuestra pareja.

Considere igualmente que todos los seres humanos —sobre todo los que vivimos en los grandes centros urbanos– estamos sometidos a muchas presiones y tensiones. Estos estados nos causan un estado de ansiedad general, la cual puede afectarnos de diferentes maneras.... y una de ellas es en el aspecto sexual. Finalmente, muchos hombres que padecen de ansiedad sexual muestran una preocupación muy marcada acerca de su comportamiento sexual en general. Algunos se preocupan ante la posibilidad de que eyaculen prematuramente o que no sean capaces de alcanzar el clímax. Son precisamente estas preocupaciones —y el temor general a "funcionar mal" en la intimidad— las que casi siempre provocan la ansiedad sexual en el individuo.

PREGUNTA 2. Todas las afirmaciones son correctas. Es decir, todos los órganos del cuerpo pueden ser afectados por nuestras emociones. Una situación de tensión, y el sentirnos amenazados, por ejemplo, pueden provocar un desajuste en nuestra fisiología. Desde luego, no todos los síntomas físicos (consecuencia de nuestras emociones) deben ser tratados por un siquiatra. Si el profesional nos orienta en la forma debida y nos hace saber que nuestras jaquecas, por ejemplo, se presentan casi siempre a la hora de ir a la cama (cuando nos embarga la ansiedad sexual), lo más probable es que al ser conscientes de esta situación, ese dolor de cabeza intenso no vuelva a presentarse.

Es por este motivo que muchos profesionales que tratan a hombres que sufren de ansiedad sexual propician que sus pacientes les informen sobre sus temores más íntimos y les sugieren que les planteen preguntas sobre las relaciones sexuales en términos generales. Se ha comprobado que esta comunicación entre el profesional y el paciente es suficiente —en muchos casos— para aliviar los síntomas físicos que presentaba inicialmente.

PREGUNTA 3. Las respuestas son:
a) Correcta. El profesional le plantea preguntas sexuales al paciente para que éste perciba que va a poder lograr una comunicación directa con él... y cana-lizar de este modo su ansiedad sexual.
b) Correcta. El profesional necesita conocer la historia sexual de su paciente, y detectar de esta manera qué factores (actuales o pasados) pueden estar provocando la ansiedad sexual.
c) Incorrecta. El profesional sabe que si hay una tercera persona presente cuando se hablan las cuestiones sexuales, las respuestas que el paciente pueda dar a sus preguntas nunca van a tener la espontaneidad necesaria.
d) Correcta. El profesional no puede dar crédito a todas las quejas del paciente con respecto a sus problemas sexuales; muchos pueden ser imaginarios, o no tienen fundamento alguno.

PREGUNTA 4. Las respuestas son:
a) Incorrecta. Las emociones actúan en una forma automática sobre los reflejos voluntarios del individuo; por ello el hombre tiene dificultad para alcanzar la erección o mantenerla, o eyacular.
b) Correcta. El profesional debe tratar —por todos los medios— de determinar cuáles son las causas que están provocando la ansiedad sexual en su paciente. Para ello debe propiciar el diálogo con éste, y lograr un ambiente de confianza, en el que se manifiesten espontáneamente las inquietudes más íntimas que puedan estar provocando tensión.

c) Correcta. Si las emociones del individuo son negativas (con respecto a todo) su predisposición hacia el sexo será igualmente negativo. En este sentido, el profesional tratará siempre de enfatizar reacciones positivas a estímulos positivos... y hacer ver que el sexo es un estímulo positivo muy poderoso.

PREGUNTA 5. Todas las respuestas son correctas. El ser humano es muy sensible, aunque externamente pueda aparentar lo contrario. Los sentimientos de culpabilidad surgen fácilmente en el individuo, sobre todo si éste se ha desarrollado bajo patrones de conducta muy estrictos. Asimismo, las malas interpretaciones y los mitos arraigados sobre las cuestiones sexuales abundan, incidiendo todas ellas en el hombre para crearle un estado de ansiedad sexual grande.

RECOMENDACIONES PARA EL HOMBRE

SI PADECE DE ANSIEDAD O TENSION SEXUAL, ¿QUE HACER?

Es evidente que la ansiedad sexual es una condición bastante generalizada, y que necesita tratamiento profesional en muchos casos. Pero, ¿qué puede hacer usted si padece de esta condición y su vida sexual está siendo afectada...?

- No se fuerce a tener relaciones sexuales para "cumplir con un deber" o para "complacer a su cónyuge". La intimidad debe ser espontánea, nunca forzada. El esfuerzo puede provocar fracasos, y complicar la situación.
- Hable francamente con su cónyuge sobre aquellos factores que estén provocando en usted tensión o ansiedad sexuales. Si se produce un estado de receptividad por parte de su cónyuge, es muy posible que muchos de los factores que provocan ahora ansiedad sexual en usted puedan ser aclarados... y neutralizados.
- Si fracasa en un encuentro sexual, no insista en la misma situación. Elija cualquier otro momento que pueda ser más propicio para sostener relaciones sexuales.

- Adopte una actitud realista ante la vida, comprendiendo que no todo puede producirse a nuestro antojo. Es decir, acepte los contratiempos como situaciones naturales a las que hay que enfrentarse. Aprenda de esos reveses.
- No se preocupe por aquellas cosas que no están bajo su control.
- Lleve un estilo de vida sano, que aumente su nivel de energía. Por ejemplo, no duerma hasta tarde. Prefiera levantarse temprano, y dese una ducha de agua tibia (o fría, según el clima). Haga ejercicios respiratorios, desayune bien (con frutas, cereales, y jugos). Practique deportes, o camine al aire libre (unos 30 minutos, todos los días). Trate, por todos los medios, de involucrarse en actividades sanas que lo mantengan saludable. Considere también los deportes competitivos (como el tenis, el fútbol, el béisbol) y otras actividades de equipo.
- Ejercite su poder de concentración. Interésese en algún tipo de actividad que le agrade, desarrolle más el hábito de la lectura, escuche música y preste atención a los sonidos de los instrumentos de la orquesta, juegue ajedrez o participe en cualquier otra actividad que requiera de su concentración máxima...
- Aprenda a relajarse. Adquiera un libro que le explique las técnicas fáciles de relajación (hay muchos manuales actualmente en el mercado)... ¡y póngalas en práctica!
- No tome ningún medicamento que no le haya sido prescrito por el médico. Intoxicarse puede agravar una situación de ansiedad sexual.
- Finalmente, si comprueba que no es capaz de controlar los estados de tensión y ansiedad sexuales, no trate de curarse usted mismo. Si la situación se agrava, requerirá tratamientos más complejos. Cuando experimente los primeros síntomas que le sugieran que el encuentro sexual le provoca ansiedad, vea a su médico; él puede orientarlo.

RECOMENDACIONES PARA LA MUJER

¿COMO PUEDE NORMALIZAR LA VIDA SEXUAL DE SU HOMBRE?

Ante el estrés sexual, la ansiedad sexual o la impotencia sexual de índole sicológica, la mujer puede contribuir en gran medida a resolver la situación que se ha presentado. Siga estas recomendaciones:

- Aprenda a vencer el temor y la ansiedad, tanto en usted como en él. Esto se logra cuando las relaciones sexuales se producen espontaneamente, sin exigencias o condiciones de ningún tipo (incluyendo la penetración que, lógicamente, implica la erección previa por parte del hombre). Esto quiere decir que usted puede demostrarle a su hombre que le gusta y que lo ama, sin exigirle que la intimidad sea total. De esta manera, le está inspirando una confianza absoluta para entregarse a los momentos íntimos de una manera gradual... sin tensiones ni ansiedades.

- Programe los mejores momentos para hacer el amor. Usted no se pondría a escuchar unos nocturnos de Chopin a la hora en que le está preparando el desayuno a sus hijos antes de que se marchen para la escuela, ¿cierto? Pues, de la misma manera, no propicie hacer el amor con su esposo si el tiempo está limitado, si hay extraños de visita en la casa, o en momentos no apropiados (él acaba de llegar del trabajo, ha recibido una mala noticia, está agotado de cansancio, usted no está tampoco en la mejor disposición, etc.). Como información interesante: el nivel de testosterona (la hormona masculina) es un 40% más elevado en las mañanas. Evidentemente, éstos son los mejores momentos para iniciar el amor.

- Si él no logra la erección, controle su ansiedad... Hay mujeres que cuando tienen relaciones sexuales con sus hombres, constantemente están comprobando si ya están listos para consumar el acto sexual o no. Evidentemente, los hombres se dan cuenta de estas pruebas femeninas... lo cual provoca un grado grande de ansiedad y tensión sexuales.

- En la intimidad con su esposo, no haga alardes de ningún tipo. Hay mujeres con hombres que muestran determinada dificultad para alcanzar la erección. Si finalmente la logran, se sorprenden, y hasta hacen alarde de lo que creen que ellas han logrado con sus atributos femeninos. Esta actitud lleva a sus compañeros de sexo a racionalizar una realidad: "lo que de veras le interesa a ella, y le preocupa, es que yo alcance mi erección... las muestras de amor no son realmente sinceras".

- No espere más de lo que su hombre pueda proporcionarle.

- El hombre, a cada edad, necesita estímulos sexuales diferentes... ¿Es usted consciente de ello? Muchas mujeres no se dan la debida cuenta de que el organismo humano se va desgastando progresivamente, ni del hecho de que el apetito sexual surge primeramente en el cerebro y después se refleja en los órganos genitales. Estas mujeres consideran que el hombre puede hacer siempre el amor de la misma manera, y a cualquier edad. Es imposible, desde luego. Ni el hombre tiene la misma facilidad de erección que presentaba a los 18 años (una vez que cumple los 40 ó los 50 los mecanismos de la erección comienzan a afectarse), ni su apetito por la esposa es igual después de haberle estado haciendo el amor durante diez o más años (la rutina conyugal a veces neutraliza el deseo). Por ello, es necesario variar los estímulos de acuerdo a la edad y a los años de intimidad de la pareja.

- Antes de hacer el amor, debe existir un período de estimulación. Los juegos preliminares del amor son fundamentales para lograr la debida excitación y la lubricación vaginal necesaria en la mujer para consumar el acto sexual. Pues bien, los hombres también necesitan de estos juegos preliminares y, en cambio, hay mujeres que —por motivos que no vamos a analizar en este capítulo— quisieran que el sexo fuera más rápido. Cuando el hombre es más joven, la estimulación puede lograrse visualmente. A medida que comienzan a transcurrir los años, el hombre necesita de más caricias y de un acercamiento físico mutuo para lograr la estimulación que lo lleve a lograr la erección, y mantenerla.

- Neutralice la ansiedad en su cónyuge. Hay muchos hombres con temores sexuales arraigados, y para ellos cada encuentro sexual es una verdadera prueba a la que deben someterse. ¿Resultado? Ansiedades y estrés sexual. Está comprobado que muchos hombres no pueden disfrutar el sexo debido a la reacción de la mujer en la intimidad. Y es muy frecuente el caso del hombre que sufre de impotencia sexual con determinadas mujeres y que reacciona normalmente con otras que no le provocan el mismo grado de ansiedad sexual.

¿DESGANO SEXUAL PROLONGADO? ¡CONSIDERE LA IMPOTENCIA SICOLOGICA!

El hombre que experimenta un desgano sexual continuado debe considerar la posibilidad de la impotencia, una de las condiciones que más frustra y destruye al individuo, pero a la cual siempre se le debe hacer frente. Quizás debido a que la impotencia sexual es un tema prohibido, del que pocos hombres quieren hablar, muchos desconocen totalmente sus causas, sus consecuencias y —desde luego— lo que pueden hacer para recuperar la normalidad sexual.

Una definición rápida y práctica:

- **Es la incapacidad del hombre de lograr la erección necesaria, y mante-nerla, para poder realizar plenamente el acto sexual.**

¿Sus causas? Aquí sí entramos en un problema muy complejo, porque aunque la impotencia sexual puede tener dos causas principales, muchas veces unas y otras están entremezcladas. Desde el punto de vista médico, la impotencia masculina puede deberse a:

- Factores fisiológicos. Es decir, existen factores físicos que impiden que se desarrolle normalmente el mecanismo de la erección, como pueden ser tumores, lesiones de los nervios, y otros trastornos biológicos.
- Factores sicológicos. No existen los factores orgánicos, pero hay otros mecanismos de índole sicológica que inhiben totalmente el proceso normal que debe ocurrir entre el sistema nervioso y los órganos de reproducción para producir la erección.

También hay que considerar que pueden existir:

- La impotencia temporal, en la cual el hombre, por determinadas razones (orgánicas o emocionales) es incapaz de tener erección durante un cierto período de tiempo; y
- la impotencia permanente, en la que nunca se llega a producir la erección.

Cuando el hombre llega a comprender que quiere y no puede reaccionar debidamente ante los estímulos femeninos, desarrolla un complejo agudo que lo lleva a actuar de muchas maneras... todo depende de su formación, su personalidad, el tipo de vida que lleve, y muchos otros factores de índole personal y social.

- En muchos casos decide ir al médico y plantear su problema en una forma abierta ante el especialista, en busca de una solución... o tratamiento.
- Otros se niegan a sí mismos que exista el trastorno, y desarrollan entonces una agresividad considerable porque en el fondo saben que ha llegado el momento de la verdad, y que no podrían engañar a nadie (ni

siquiera a ellos mismos) si se tuvieran que enfrentar a una situación de intimidad. Muchos se encierran en sí mismos, rechazan a la mujer (si son casados) , y provocan un **conflicto conyugal** que habría podido ser salvado sólo con una comunicación más abierta con el otro miembro de la pareja, y la orientación del profesional. Y, por supuesto, siempre es preciso mencionar los casos extremos: hay hombres que se refugian en las bebidas alcohólicas (o en las drogas) para olvidar que su vida sexual ha llegado a su final; y no faltan quienes recurren a medidas extremas: la violencia o inclusive el suicidio.

OTROS FACTORES QUE PUEDEN PROVOCAR EL DESGANO SEXUAL EN EL HOMBRE...

Desde luego, también hay que considerar que:

- Ciertos medicamentos contribuyen a reducir el apetito sexual del individuo, y en muchas ocasiones lo inhiben totalmente.
- Asimismo, se ha podido comprobar científicamente que el tipo de dieta que llevamos puede disminuir nuestro deseo sexual, o limitarlo en momentos determinados.
- En todo caso, el estilo de vida que el hombre elige es el que determina, casi siempre, sus reacciones ante el contacto sexual íntimo. Las actividades competitivas que impone el mundo actual, por ejemplo, muchas veces provocan que las parejas se impongan metas (económicas, sociales, etc.) que luego se ven obligadas a cumplir. En el afán desmedido por alcanzar esas metas, muchos hombres llegan a considerar la unión sexual como "algo más" en su trayectoria vertiginosa hacia el éxito, restándole toda importancia al encuentro íntimo y relegando la necesidad de alcanzar la plenitud sexual a un plano secundario, hasta quedar básicamente anulada. Para algunas de estas parejas, el sexo llega a convertirse en una especie de estorbo, una interrupción en sus prioridades; y en casos extremos, la posibilidad de un encuentro íntimo llega a provocar tal grado de tensión en el individuo que con frecuencia provoca en él el rechazo definitivo hacia su compañera de intimidad.

CONCLUSION

Los episodios de desgano sexual son frecuentes en el hombre, lo mismo que pueden presentarse en las mujeres. Es evidente que la tensión y la ansiedad provocan esa falta de deseos para hacer el amor... pero podrían citarse otros factores adicionales, como pueden ser la rutina en la intimidad y la falta de estímulos eróticos que realmente exciten al hombre y lo induzcan a sostener relaciones sexuales. En muchos casos, esa tensión y ansiedad pueden provocar situaciones de impotencia sicológica temporal, y ésta es una condición mucho más compleja que por lo general requiere ser tratada por un especialista.

En todo caso, el sexo es una necesidad física con importantes raíces mentales... lo mismo que ocurre con el hambre, la sed, el sueño, y muchas de nuestras funciones más naturales. Si el cerebro no se siente debidamente estimulado —debido a que otros factores están interfiriendo con las señales que normalmente enviaría al aparato genital para que se pueda manifestar el apetito sexual— es prácticamente imposible que el hombre tenga deseos de hacer el amor... Por lo tanto, es preciso neutralizar esos factores que interrumpen el proceso sexual para que éste se desarrolle normalmente.

CAPITULO 7

ENGAÑOS
SEXUALES:
¿SON NECESARIOS?

La verdad ante todo"... ¿pero también cuando esa verdad puede provocar **conflictos conyugales**? Los **ENGAÑOS SEXUALES** pueden acentuar la autoconfianza de un cónyuge en la intimidad e inclusive lograr que su comportamiento sexual sea más adecuado. En este capítulo se sugiere cuándo la mentira sexual es más apropiada que enfrentar al cónyuge a una realidad que puede poner en peligro la relación. Veamos un caso:

LUIS FERNANDO R. y ANA MARIA C.: Cuando hace ya tres años Luis Fernando R. y Ana María C. se conocieron y enamoraron, ella le juró que era el primer hombre con el que llegaba a mantener relaciones sexuales... y de mil maneras distintas se las arregló para convencerlo de la mentira que le estaba diciendo. En realidad, durante los siete meses anteriores a su encuentro con Luis Fernando, Ana María había sostenido una tormentosa relación, básicamente sexual, con un hombre que se jactaba de que era capaz de conquistar a cuanta mujer se lo propusiera. Poco imaginaba Ana María que los pocos escrúpulos de ese individuo iban a poner en peligro su relación conyugal varios años después. Pero por esas casualidades del destino, en esas reuniones de hombres en las que éstos alardean de sus conquistas y hazañas sexuales, se mencionó el nombre de Ana María... y hasta con una descripción detallada de su comportamiento en la intimidad. Los comentarios llegaron a oídos de Luis Fernando.

La crisis fue total en las relaciones de esta pareja. Presionada por la situación en que se encontraba, Ana María se vio forzada a confesar su verdad, a admitir cómo había llegado a ser víctima de aquel seductor profesional que se ufanaba de coleccionar mujeres. Pensó que su relación emocional con Luis Fernando tenía la solidez necesaria para resistir la verdad. Se equivocó. Y aunque ambos trataron de seguir adelante, todo cambió drásticamente en la vida íntima de esta pareja. Luis Fernando comenzó a sufrir de episodios de impotencia sexual y crisis depresivas que combatía agrediendo verbalmente a Ana María. Por su parte, ésta se sentía culpable por haber mentido inicialmente con respecto a su vida sexual. Y después de varios rompimientos y reconciliaciones, esta pareja no tuvo otra alternativa que separarse definitivamente.

Pero... ¿es que la verdad con respecto a la vida sexual de una pareja es fundamental para lograr la estabilidad en sus relaciones sentimentales? Sería muy fácil afirmar que la verdad debe prevalecer por encima de todo, desde un principio, para evitar situaciones como la que confrontaron Luis Fernando y Ana María. Es lo lógico. Sin embargo, la realidad no siempre es tan fácil debido a las muchas complejidades de la mente humana. Las mentiras sexuales son inevitables en toda relación de pareja, y sobre todo en la sociedad básicamente machista que aún prevalece en muchos países de nuestra América Latina.

Si las verdades sexuales de ambos miembros de la pareja fueran expuestas al comienzo de una relación, surgirían desde un inicio una serie de conflictos que difícilmente permitirían que esa relación llegara a fraguar, mucho menos a consolidarse. Esto no quiere decir que recomendemos que las mentiras sexuales sean utilizadas en todo momento, pero no hay duda de que cada miembro de la pareja debe analizar debidamente si su cónyuge está realmente capacitado para enfrentarse objetivamente a las realidades del pasado que ya son inevitables, o si es preferible disimular esas realidades con un poco de fantasía piadosa (por llamarla de alguna manera) que no afecte la relación.

Casi todo el mundo supone que cuando una pareja mantiene durante mucho tiempo una unión feliz, entre ambos existe la más absoluta sinceridad en cuanto a las cuestiones íntimas. Y quienes piensan así suelen engañarse, porque la felicidad en las relaciones sexuales depende muchas veces de la habilidad con que se miente. Y es que no todos los seres humanos saben resistir el impacto de la verdad en el amor, en la amistad, o en cualquiera de las manifestaciones sociales. ¿Qué sería de su vida social si todas las veces y en todas las ocasiones usted manifestara exactamente lo que piensa? Quedaría destruido bajo el aplastante peso de las consecuencias que conlleva el ser absolutamente sincero. Si esto sucede cuando se trata de las relaciones sociales con la familia y los amigos, ¿qué no sucedería en un asunto que puede ser tan espinoso, delicado, y plagado de emociones como es el de las relaciones sexuales?

¿DEBE RECURRIRSE A LA "MENTIRA PIADOSA" EN LAS RELACIONES SEXUALES?

La vanidad, el amor propio, y el convencimiento de los propios valores, experiencia y atributos sexuales, exigen que no se use la franqueza cuando una pareja comenta sus episodios sexuales o hace preguntas respecto a ellos. Por ejemplo, la típica vanidad masculina de un hombre quedaría devastada si la mujer, al compararlo con amantes anteriores, le dijera que éstos eran mejores que él en su comportamiento en la intimidad, o que estaban mejor dotados sexualmente. La raíz de la confianza que el hombre tiene en sí mismo reside en sus órganos sexuales y en la habilidad desarrollada para sacarles el mejor partido. Si la mujer que comparte su vida íntima comete la falta de asegurar que ha conocido otros hombres que lo superan en esos aspectos y que la llevan a la cumbre del éxtasis sexual como él no lo ha logrado aún, esa mujer no sólo estará cometiendo una falta de etiqueta sexual: estará también cometiendo algo muy parecido a un crimen, porque semejantes declaraciones pueden arruinar la vida sexual del hombre así calificado y destruir su paz, su alegría de vivir, y —muy posiblemente— hasta su vida profesional o de negocios. En otras palabras: el **conflicto conyugal** sería total. Por supuesto, las relaciones íntimas de la pareja igualmente quedarían arruinadas.

En casos de este tipo, el silencio debe prevalecer... recurrir a la clásica mentira por omisión. Y no sólo son cientos de miles las mujeres que mienten sexualmente en este sentido, sino hombres que evitan las comparaciones para no afectar la autoconfianza de sus compañeras de intimidad. Lo correcto, lo humano, y lo beneficioso para ambas partes es que esa mujer (u hombre) diga todo lo contrario a la verdad y proclame a su cónyuge actual como "el mejor de todos los amantes que ha conocido sexualmente". Cabe en lo posible que ella, por no quedar satisfecha, por no lograr orgasmos, o por otras razones, desee que él modifique algún aspecto de su modo de hacerle el amor. Pero el momento para iniciar las lecciones en materia sexual no es cuando él acaba de dar lo mejor de sí o cuando —guiado por algún temor secreto a estar fallando— formula la clásica pregunta: "¿Lo disfrutaste?". Esa ocasión de indicarle lo que ella necesita llegará finalmente en su lugar y momento oportunos y, desde luego, se producirá sin la aspereza de una respuesta tajante y excesivamente verdadera o realista.

LA VANIDAD FEMENINA: LOS SENOS Y LA EDAD...

Refiriéndonos a la vanidad y el orgullo con respecto a los atributos sexuales, hay que reconocer que la mujer también es vanidosa. ¡Y de que modo! Un punto muy delicado es la forma y tamaño de sus senos. Si una mujer no se cuenta entre las que pueden exhibir un busto opulento, cualquier referencia a otra mejor dotada le puede producir una amarga decepción e incluso una profunda depresión. En estos casos es el hombre el que tiene que emitir su mentira blanca, la cual puede disfrazar de muchas maneras. Que a él no le interesan las mujeres de senos tan protuberantes, por ejemplo, es una salida elegante y un gran paso para evitar un posible **conflicto conyugal**.

Otro punto de honra de la mujer es el de la edad. Desde luego, la culpa la tiene la sociedad que estableció en épocas pasadas sucesivas edades como las más atractivas para el hombre (por ejemplo, los efebos en Grecia). Es por eso que cuando la mujer llegaba a los treinta años empezaba la angustia de saber que estaba envejeciendo. Una estadounidense muy decidida, Wallis Simpson —quien logró casarse nada menos que con quien había sido Rey de Inglaterra cuando ya ella estaba en sus cuarenta— impuso el criterio universal de que "la vida comienza a los cuarenta"; el Duque y la Duquesa de Windsor vivieron felices hasta una edad avanzada, disfrutando plenamente todas las actividades en que se involucraban.

En tiempos modernos, Jane Fonda, Raquel Welch, Mirtha Legrand, Sara Montiel, Elizabeth Taylor y muchas otras actrices, por ejemplo, que ya pasaron de los cincuenta, han logrado que el cine, el teatro, y la televisión consideren sexualmente atractivas a mujeres de esas edades. Pero, de todos modos, el tema de la edad sigue siendo hoy —lo mismo que ayer— tabú para mantener buenas relaciones con las mujeres. Y el hombre a quien su compañera le pregunte así de repente "¿Qué edad parezco tener?", debe estar preparado para restar en un segundo por lo menos diez años... y mentir con habilidad. ¡Una forma amable de evitar un posible **conflicto conyugal**!

UN TEMA QUE SE PRESTA A LA FANTASIA:
LAS AVENTURAS AMOROSAS

No hay hombre que no lleve escondido en el alma (y en sus aspiraciones más íntimas) a un Don Juan siempre triunfador en las lides del amor. El número y variedad de esas aventuras forman parte del catálogo de mentiras sexuales que casi todo hombre comenta con sus amigos en momentos de regocijada expansión. Pero el catálogo estaría incompleto si al número de lances sexuales ellos no les añadieran detalles falsos pero que aumentan el interés de la narración y dejen a los crédulos oyentes muriéndose de envidia. Son muy pocos los que confiesan haber tenido una tarde de amor con mujeres "maduras", poco atractivas, o que no tengan el más mínimo parecido con las diosas del cine o la televisión actuales. Todas sus "conquistas" suelen ser chiquillas muy atractivas.

Tampoco en esas narraciones salen a relucir las mujeres que a duras penas se interesan por sus proezas sexuales. Todas, absolutamente todas, son mujeres incansables, mujeres de fuego ardiente, mujeres despampanantes, a las que resulta difícil satisfacer... sólo que ellos sí saben cómo llevarlas al punto del éxtasis sexual total.

LAS FANTASIAS SEXUALES EN EL CASO DE LA MUJER

Tampoco las mujeres se quedan atrás en eso de comentar con sus amigas las proposiciones que les han hecho infinidad de hombres... muy atractivos e interesantes, desde luego. El orgullo femenino se basa más bien en el rechazo que han hecho a las proposiciones de hombres que casi daban la vida por un rato de intimidad. Como una buena parte de sus sueños —cuando está dedicada a las aburridas tareas domésticas y deja volar la imaginación— consiste en verse adorada pero inalcanzable, suele contar esas historias con una vehemencia que suena a verdad. Por nada del mundo confesarían muchas de ellas la triste verdad de noches perturbadas por los ronquidos del hombre que tienen a su lado. Y ni bajo tormento otras serían capaces de admitir la verdad de sus "jaquecas" cuando sus hombres insinúan que desean hacerles el amor y ellas no tienen deseo alguno de un rato de intimidad física.

"¡TU HAS SIDO EL PRIMERO!"

Desde que el tabú de la virginidad finalmente comenzó a quedar atrás, no hay duda de que muchos hombres echaban de menos aquello del "estreno sexual"... por llamarlo de una manera elegante. Pero ya esa necesidad ha sido sustituida por sus compañeras de sexo que saben muy bien cómo halagarlos para retenerlos a su lado, y ahora confiesan entre suspiros "¡tú eres el primero que me has llevado al placer total!". Y él, satisfecho y orgulloso por sus habilidades en la intimidad, se siente como un verdadero campeón.

En el pasado, fingir la virginidad cuando se había perdido era difícil; algunas mujeres recurrían hasta a operaciones quirúrgicas para tener sangramiento durante las relaciones sexuales y demostrar de esta manera que "eran vírgenes". Si el hombre tenía la debida experiencia en las cuestiones sexuales, esto era prácticamente imposible. ¿Pero el orgasmo? No hay nada más fácil para la mujer que fingir el orgasmo. Y el hombre por lo general lo cree. En parte porque necesita creerlo. En parte porque no se requiere mucha maña dramática para imitar un orgasmo.

Y ésa es la mentira sexual más común. La que infinidad de mujeres practican tantas noches de sus vidas. Mentiras piadosas que muchas veces pueden ser necesarias porque complacen a sus hombres y les halagan la vanidad activando su autoestimación. Si no lo hicieran, posiblemente muchos de ellos se buscarían otras mujeres que supieran ensalzarles su hombría haciéndoles creer esa mentira piadosa del orgasmo que —sin duda— mantiene unidas a tantas parejas.

ENGAÑOS EN EL MOMENTO DE LA INTIMIDAD

A veces, el engaño en el momento culminante del acto sexual es la única alternativa que encuentran hombres y mujeres que —por un motivo u otro— no son capaces de alcanzar normalmente su clímax sexual. ¿Por qué? ¿Cómo hacen para engañar a su pareja? ¿Por qué no son descubiertos en ese engaño...?

CASO No. 1
MUJERES QUE SE VUELVEN ACTRICES AL AMAR

No hay duda de que las mujeres de hoy son mucho más sofisticadas y experimentadas en todas las cuestiones sexuales que las de hace veinte y treinta años; por lo general —y debido a esa divulgación masiva sobre la sexualidad humana— llegan al matrimonio con la debida información sobre el sexo (porque está a su alcance en libros y revistas bien orientadas), conocen con mayor profundidad de la técnica del acto sexual en sí, son más liberadas para hablar y opinar del sexo, y se sienten (definitivamente) mucho más felices en su vida íntima. Pero, desafortunadamente, a pesar de toda esa gigantesca revolución sexual de la mujer que ha tomado lugar en los últimos años, muchas todavía no han logrado desprenderse de uno de los males que las ha acompañado a través del tiempo:

- Fingir el clímax sexual al hacer el amor con su hombre... cuando éste en verdad no ha sido alcanzado.

Un reciente estudio realizado en los Estados Unidos con más de ochocientas mujeres voluntarias ha mostrado que la inmensa mayoría de éstas eran grandes actrices en la intimidad:

- O bien exageraban el placer que sentían al hacer el amor con sus hombres, con un dramatismo digno de las películas del cine silente; o
- fingían sensaciones que estaban lejos de sentir.

Más aún, después, con sus amigas, exageraban sus hazañas sexuales a niveles indescriptibles. Los investigadores de este estudio llegaron a determinar —después de hacer los cómputos correspondientes a cuestionarios y entrevistas personales— que por lo menos el 60% de este grupo de mujeres fingía el orgasmo (aunque sólo fuese ocasionalmente). ¿Por qué fingían? Las motivaciones de tales conductas, puestas al descubierto, resultaban variadas. Iban desde el piadoso deseo de no lastimar el susceptible ego de sus hombres, hasta el temor de parecer frígidas si no lograban la cúspide de la satisfacción con el orgasmo.

En todos los casos, desde luego, este dramatismo íntimo (esta verdadera dramatización del amor) es injustificado. ¿Por qué llegar a fingir un placer que no ha sido alcanzado? ¿Por qué temer ser mal juzgadas por no lograr el clímax sexual... si ya se sabe que (estadísticamente) es normal que el encuentro sexual no siempre culmine con un orgasmo?

UN GRAN CONFLICTO DE LA MUJER ACTUAL: CUANDO HACE EL AMOR, LO QUE MAS LE PREOCUPA ES ALCANZAR EL ORGASMO

Uno de los postulados esenciales de la revolución sexual que hemos logrado en estas últimas décadas, y uno de los elementos que ha sido más enaltecido por la mujer, es el orgasmo. Pero no hay duda de que su búsqueda como expresión máxima del placer sexual, ha sido exagerado considerablemente.

Es más, el orgasmo se ha convertido en un verdadero problema para la mujer de hoy. El asunto ha sido interpretado de tal forma que, para que la mujer se sienta realizada y satisfecha sexualmente, se ha visto presionada (por los propios conceptos avanzados de la revolución sexual) a buscar orgasmos mágicos; es decir, cadenas incontables de ellos durante una misma sesión de amor, así como otras elevadas y fantásticas metas siempre relacionadas con el clímax sexual. Estas metas, por supuesto, resultan falsas e inalcanzables en cada encuentro sexual. Y cuando no son logradas, entonces las mujeres se sienten deprimidas, insatisfechas, frustradas... y surgen los **conflictos conyugales**. ¿Qué pueden hacer para compensar estas frustraciones? Pues fingen. Recurren a la mentira íntima para ocultar lo que ellas suponen que son "fracasos".

La Doctora Shirley Tussman, especialista en el tratamiento de los trastornos sexuales y Directora de la Asociación para el Tratamiento de Problemas Sexuales Masculinos (con sede en Nueva York, Estados Unidos) explica:

- "El hombre de hoy se encuentra más preparado para satisfacer a la mujer durante el acto sexual, pues ha comprendido que ello es parte imprescindible del mismo.
- A la vez ha desarrollado los conocimientos técnicos para lograrlo... Pero también la mujer se ha concentrado en lograr su satisfacción íntima, y busca su clímax sexual como meta y objetivo único de la relación cuando hace el amor. Es más, muchas mujeres llegan a pensar que si no logran alcanzar —rápida y aparatosamente— el orgasmo, la opinión de sus compañeros de sexo sobre ellas como amantes sería negativa. Y en lugar de demostrar a éstos lo que ellas en verdad necesitan para lograr ese clímax sexual genuino, auténtico, se apresuran a fingir el clímax, para de esta manera demostrar a sus hombres que tienen capacidad sexual... que son mujeres orgásmicas, capaces de sentir placer y manifestarlo en todas sus formas posibles".

LA FALTA DE COMUNICACION INTIMA EN LA PAREJA ES EL PUNTO DE ORIGEN DE LA MENTIRA SEXUAL

Las investigaciones sicológicas llevadas a cabo por los Doctores Kenneth Davidson (Profesor de Sicología de la Universidad de Wisconsin, en los

Estados Unidos) y Carol A. Darling (Profesora Asociada a la Universidad Estatal de la Florida, en Tallahassee, Estados Unidos) demuestran que:

• Más del 60% de las mujeres que confiesan fingir el orgasmo ocasionalmente, argumentan —como razón principal de su fingimiento en la intimidad— el deseo de agradar a sus hombres; sobre todo, evitar que éstos se disgusten o se sientan heridos al comprobar que ellas no han podido alcanzar el clímax durante un encuentro de amor.

"La vanidad masculina y el concepto de la virilidad se eleva en forma considerable cuando el hombre logra que la mujer alcance su clímax... porque de esta manera él puede comprobar que su habilidad y capacidad sexual es grande y que es un experto en el arte del amor. Este es el motivo por el cual la mayoría de los hombres busca afanosamente la satisfacción de sus compañeras de sexo. Cuando la mujer logra el clímax sexual... y mientras más explosivo sea éste, mejor... el hombre reafirma el concepto que tiene de sí mismo y se siente seguro, capaz...", afirma la Dra. Darling.

"Aunque no se puede negar que se han dado sólidos pasos en este sentido, aún hoy las dos terceras partes de los hombres insisten en comprobar que sus parejas han alcanzado el orgasmo... ¡Y hasta lo preguntan en una forma directa si existiera alguna duda al respecto! Evidentemente, la mujer que se ve ante la encrucijada de tener que confesar que no ha logrado el orgasmo o mentir, prefiere mentir ya que de esta manera evita un conflicto que la vuelve vulnerable", continúa explicando la Dra. Darling. "Sin embargo, los hombres... un elevado número de ellos, para ser más precisos... no se preocupan lo suficientemente para estimular a la mujer antes de la penetración... no participan en los juegos preliminares que preparan a su compañera para el sexo total, o no hacen el amor durante el tiempo necesario... para que ésta realmente pueda excitarse debidamente y logren alcanzar su clímax sexual. Muchos, por supuesto, desconocen la importancia de una estimulación adecuada para la satisfacción sexual de la mujer, y por ello subestiman la estimulación manual del clítoris".

NO SIEMPRE ES POSIBLE LOGRAR EL CLIMAX SEXUAL... ¡Y ESTA ES UNA REALIDAD CIENTIFICA!

Por otra parte, los especialistas señalan que:

- Aun cuando todos los elementos necesarios existan (excitación, estimulación, etc.), no siempre el orgasmo femenino puede alcanzarse... y esto es absolutamente normal.

Comprender y aceptar esta realidad científica es imprescindible para luchar contra la frustración que lleva a muchas mujeres a fingir y convertirse en verdaderas actrices en su vida íntima. Si existe una comunicación adecuada entre los miembros de la pareja, es posible identificar qué necesita en realidad el otro miembro en la intimidad, y a través de qué vías se puede satisfacer... Si esta comunicación e integración íntima se logra, es evidente que la mentira sexual es innecesaria.

La mujer —por supuesto— no necesita herir el ego vulnerable del hombre para hacerle notar cualquier insatisfacción en la intimidad. Sin llegar a afirmar nunca "te he mentido, no pude lograr el orgasmo", la mujer puede llevarlo perfectamente a perfeccionarse como amante, explicándole lo que realmente necesita en sus momentos íntimos, y cuándo lo requiere. Una conversación informal (preferiblemente alejada del dormitorio o del sitio donde regularmente la pareja hace el amor) puede ser el vehículo más adecuado para ello. Pero resulta imprescindible hablar francamente sobre el tema. Está comprobado —y de mil formas diferentes— que fingir el orgasmo es un verdadero *boomerang...* más tarde se vuelve contra la mujer que lo emplea. Si el hombre cree que está satisfaciendo a su mujer en la forma en la que él practica el sexo, nunca modificará sus métodos sexuales... Y esto, desde luego, obligará a la mujer a seguir mintiendo sexualmente; es decir, fingiendo una y otra vez, hasta caer en la más profunda e irreparable frustración... tal vez un **conflicto conyugal** definitivo.

CIFRAS QUE SON SORPRENDENTES...
¡Y ALARMANTES!

Los estudios que se han realizado en este sentido revelan que:

- Mientras que el 50% de las mujeres casadas fingen el orgasmo en ocasiones esporádicas, el 63% de las solteras lo hacen con frecuencia.
- Y aún peor: las cifras estadísticas se elevan al 72% en las mujeres que están divorciadas y separadas, llegando hasta el 82% en las viudas que sostienen relaciones sexuales.

Las cifras mencionadas anteriormente parecen guardar relación con el hecho de que es en esos grupos (proporcionalmente) en los que las relaciones sexuales resultan más esporádicas y pasajeras... y es casi imposible lograr el ajuste o acoplamiento sexual en esas condiciones. Esto impulsa a estas mujeres a la mentira sexual, para no dejar una impresión desagradable en sus compañeros de sexo. Piensan que si los hieren en su vanidad masculina, éstos podrían poner fin a la relación, la cual es importante para ellas.

¿QUE MUJERES ENGAÑAN EN LOS MOMENTOS DE INTIMIDAD?

Las estadísticas compiladas en las encuestas realizadas por los Doctores Carol A. Darling y Kenneth Davidson son explícitas por sí solas: demuestran que las grandes fingidoras del orgasmo son aquellas mujeres que:

- Han comenzado a tener relaciones sexuales a una edad más temprana que el promedio;
- han tenido más amantes;
- han recurrido a la masturbación con más frecuencia;
- han explorado diferentes posiciones eróticas al hacer el amor, e incluso han empleado juguetes sexuales en la intimidad.

En otras palabras:

- Las mujeres que han tenido una mayor experiencia sexual son más propensas a fingir el orgasmo que aquéllas que han estado genuinamente más preocupadas por satisfacer sus necesidades sexuales.

En cambio, las que aceptan el sexo como una manifestación normal del amor, por lo general alcanzan el clímax sexual en la mayoría de sus encuentros íntimos, quizás porque se encuentran más relajadas.

"Contrariamente a lo que generalmente puede pensarse", explica la Dra. Darling, "no es la mujer inexperta la que frecuentemente finge su clímax sexual para cubrir su problema íntimo... Como esta mujer no ha experimentado sexualmente lo suficiente como para dominar a la perfección los movimientos, expresiones, y sensaciones que forman parte integral del acto sexual en sí, tiene miedo a que su fingimiento sea descubierto por ser poco convincente. Las mejores (y más frecuentes) fingidoras de orgasmos resultan las mujeres experimentadas que han llegado... por haber tenido una práctica sexual intensa... a dominar perfectamente la técnica de éste".

¿QUE ES EL ORGASMO FEMENINO?

- El orgasmo es, en general, un estado de paroxismo de excitación física y emocional que ocurre en el momento culminante del acto sexual.
- En la mujer, se habla de orgasmo vaginal y orgasmo del clítoris, de orgasmos múltiples y orgasmos prolongados. El tema es bastante complejo y existen infinidad de opiniones al respecto, muchas de ellas contradictorias. Aunque la mayoría de los científicos considera que el orgasmo femenino es una respuesta total del cuerpo, solamente consiste en una serie de contracciones de la plataforma orgásmica (un grupo de músculos que están localizados en el tercio inferior de la vagina). Estas contracciones se producen durante de 0.37 a 0.8 segundos y su número fluctúa generalmente entre 3 y 12.
- Durante el orgasmo femenino, la respiración, el pulso y la presión sanguínea aumentan significativamente, siendo acompañado todo este proceso con frecuencia de movimientos convulsivos de todo el cuerpo.
- Si la estimulación continúa, los orgasmos pueden ocurrir sucesivamente, llamándoseles entonces orgasmos múltiples.
- La fase orgásmica es seguida por la fase de resolución; durante esta última, la congestión del área genital desaparece y entonces los senos y los genitales (incluyendo el útero) retornan a su estado nor-mal.
- Los movimientos voluntarios (que van desde los mínimos mo--vimientos de las caderas, hasta un movimiento total del cuerpo), ocurren durante la excitación y el estado anterior al clímax. Durante el llamado "estado pre-orgásmico" y el orgasmo en sí, se manifiestan movimientos involuntarios que pueden variar desde pequeños y específicos hasta algunos bastante vigorosos.
- Las respuestas individuales de cada mujer forman una variada gama: algunas permanecen silentes durante el orgasmo, otras jadean o hacen sonidos guturales, y muchas gritan e inclusive articulan palabras o frases. Es posible que una misma mujer pueda tener diferentes respuestas con uno (o varios) compañeros sexuales o en diferente ocasiones.

- Es importante tener en cuenta que el ciclo orgásmico puede tomar diferentes formas. Con una estimulación directa del clítoris, el orgasmo puede producirse sin los cambios que normalmente acompañan a la respuesta orgásmica (tales como cambios de color en los labios de la vulva y engrandecimiento y turgencia de los senos). En este caso el orgasmo sería clitoral (Sigmund Freud, el padre del Sicoanálisis, lo llamaba "orgasmo inmaduro", al compararlo con el orgasmo vaginal, u "orgasmo maduro").
- Mientras que el orgasmo clitoral se debe a la manipulación (directa o indirecta) del clítoris, el orgasmo vaginal se produce por medio del estímulo vaginal.
- El primero incluye intensas sensaciones en el área del clítoris, mientras que el segundo incluye sensaciones igualmente intensas, pero en el interior de la vagina. Estos dos tipos de orgasmos presentan más similitudes que diferencias.
- Los prestigiosos sexólogos norteamericanos Masters y Johnson (ya fallecidos) enfatizaron el orgasmo clitoral, describiendo al clitoris como "el provocador del orgasmo femenino".
- La fase de resolución (o fase de enfriamiento) puede completarse unos minutos después de haber comenzado la estimulación sexual, aunque en otros casos puede experimentarse una excitación que se prolongue por media hora (o más) con un retorno gradual a la fase de resolución.
- En un orgasmo múltiple, la mujer experimenta varios paroxismos, mientras que en un orgasmo extendido experimenta solamente un clímax.
- Las llamadas mujeres multiorgásmicas no experimentan totalmente el llamado "período de resolución" o "enfriamiento"; su estado de excitación puede decaer un poco, pero se mantienen excitadas y pueden rápidamente experimentar otro orgasmo con una estimulación adicional (esta situación puede ocurrir tres o más veces, hasta que la mujer se sienta extenuada).

CASO No. 2
¡HOMBRES QUE ENGAÑAN
EN LOS MOMENTOS MAS INTIMOS!

Si la mujer cree que cuando su hombre cierra los ojos, comienza a gemir y la aprieta apasionadamente significa que esté alcanzando su clímax sexual, ¡se equivoca! En algún momento, al igual que una mujer puede recurrir al viejo ardid de fingir el orgasmo (con la seguridad de que muy pocos hombres se enterarán de que en verdad permanece sexualmente impasible), el hombre puede recurrir a estrategias similares, y mentir íntimamente. Las estadísticas compiladas por importantes sexólogos en los Estados Unidos, Francia, y Alemania revelan que el hombre promedio actual finge el orgasmo con más frecuencia de la que imaginamos. ¿Por qué? ¿Cómo...?

¿QUE FACTORES LLEVAN AL HOMBRE A MENTIR SEXUALMENTE?

Según los sexólogos y siquiatras que han estudiado este fenómeno masculino, existen muchas causas distintas que pueden inducir a un hombre a fingir su clímax sexual en un momento dado, o crear una eyaculación artificial, capaz de engañar totalmente a la mujer más experimentada. Entre los factores más comunes que provocan esta situación se en-cuentran los siguientes:

- La fatiga física. No existe duda de que el apetito y la potencia sexual del hombre que está agotado físicamente (ya sea por razones de su trabajo, estudio, u otros motivos) es más débil. Si bajo estas condiciones se ve obligado a hacerle el amor a una mujer, lo más probable es que acceda (recordemos el concepto erróneo, pero aún hoy prevaleciente, de que "el hombre siempre debe estar dispuesto para el sexo")... pero con toda lógica, su funcionamiento sexual será deficiente. Es posible que se le dificulte eyacular, y mientras más se esfuerce por lograr su clímax, más difícil le será alcanzarlo. En un momento dado, consciente de que su erección está llegando a un punto final, fingirá el orgasmo para terminar con aquella situación que provoca tanta ansiedad en él. ¡Es su única alternativa!
- Los problemas relacionados con la personalidad. Este es el caso del superhombre que quiere demostrarle a su compañera de intimidad que su virilidad y su potencia son tales, que es capaz de alcanzar uno, dos, tres y hasta cuatro orgasmos... ¡y seguidos! Es probable que, en estas situaciones, uno o dos orgasmos (si acaso) hayan sido los verdaderos. Los demás han sido mentiras sexuales... ¡una actuación digna de un Oscar de la Academia de Hollywood!

- Los deseos de complacer a una mujer muy exigente y agresiva en el aspecto sexual. Hay mujeres que, aunque no se den cuenta del efecto que están provocando en el hombre con su actitud exigente, resultan castrantes en la intimidad. Quieren tanto, esperan tanto, y exigen tanto del hombre con el que tienen relaciones sexuales, que éste se siente a prueba en todo momento. Si no logra los estímulos adecuados, este hombre considera que la única forma de escapar a la prueba a la que ha sido sometido es fingiendo el clímax sexual... ¡y eso es, precisamente, lo que hace!

- El esfuerzo por satisfacer a una mujer con dificultad para alcanzar su propio clímax sexual. Estas mujeres inorgásmicas abundan. Necesitan de juegos preliminares muy elaborados y largos para lograr el estado de excitación que requieren para alcanzar su clímax sexual. Y aunque en este sentido los hombres de hoy están más informados, y la mayoría se esfuerza por estimular debidamente a sus compañeras de intimidad, es normal que si la situación se prolonga indefinidamente, el hombre se canse y su interés sexual decaiga. En estos casos, de nuevo, la mentira sexual es la alternativa más discreta. Curiosamente, a veces tanto la mujer como el hombre fingen sus respectivos orgasmos para poner fin a una situación de amor interminable.

- La posibilidad de que el hombre padezca de eyaculación retardada. Al igual que existen hombres que eyaculan prematuramente, hay otros que tienen dificultades para eyacular. Esas causas pueden ser muchas y generalmente esta situación se debe a las inhibiciones sexuales que puedan tener estos individuos, casi siempre motivadas por complejos sicológicos o conceptos equivocados sobre lo que realmente es el sexo. Lógicamente, si el individuo no logra alcanzar su clímax sexual después de un tiempo que él considere normal, fingir el clímax sexual es su manera de salvar la situación y no manifestar abiertamente su problema.

- La falta de un estímulo sexual verdadero. Aunque parezca extraño, muchos hombres llegan a los momentos íntimos por compromiso. Hay mujeres que se encaprichan con un individuo determinado, lo asedian, lo conquistan, y finalmente lo seducen. Estos individuos, en la intimidad con esas mujeres, no se sienten debidamente estimulados; les falta el elemento erótico. Quizás la mujer en cuestión no les gusta, o hay algo en ellas que les resulta hasta repulsivo. Sin embargo, por el consabido complejo-de-hombre, sienten que deben desempeñar su papel en la intimidad, y así lo hacen... hasta en el momento de la culminación sexual.

- El deseo de satisfacer plenamente a una mujer muy apasionada al hacer el amor. No hay duda de que la mujer tiene una capacidad orgásmica superior a la del hombre; es decir, puede alcanzar el clímax sexual varias veces durante un mismo encuentro íntimo. Debido a ello, hay hombres que conocen por experiencia esta característica femenina, y la llevan a alcanzar el orgasmo una o más veces (fingiendo ellos mismos su clímax) antes de eyacular realmente.

Es decir, existen muchos factores —tanto de índole sicológica como fisiológica— que pueden motivar a un hombre a fingir el orgasmo... y de hecho, muchos lo hacen.

LA MUJER QUE FINGE EL ORGASMO... ¿QUE PUEDE HACER PARA EVITARLO?

Los especialistas opinan que de la única forma en que la mujer puede lograr sentirse satisfecha sexualmente (cuando se hunde en la frustración por haber fingido el orgasmo una y otra vez, en una cadena interminable de mentiras sexuales) es:

- Aprender a ser honesta y comunicar a su cónyuge lo que necesita de él realmente en los momentos más íntimos para lograr el verdadero disfrute sexual.

Y, por último: no debe sentirse inferior la mujer que cree equivocadamente que todas las demás mujeres a su alrededor son expertas en cuestiones sexuales (a juzgar por sus historias de acrobacias en la intimidad), que les llevan una gran ventaja en la materia. Vivimos ciertamente, en la era sexual de principios del siglo XXI, ¡pero todas tienen mucho por aprender todavía en materia sexual... y alarde no es sinónimo de conocimiento!

¿QUE ES EL CLIMAX MASCULINO?

Consideremos una definición sencilla:

- **El orgasmo masculino no es más que el clímax que alcanza el hombre durante el acto sexual.**

Es, en verdad, un conjunto de reacciones complejas, de naturaleza sicológica y fisiológica, que producen en el hombre (lo mismo que sucede en la mujer) un estado de placer que podría ser calificado de sublime, aunque sólo dura unos segundos, y que está precedido por todo el juego sexual en el que la mente ocupa el centro de la acción.

El mecanismo físico mediante el cual se produce el orgasmo masculino es muy elaborado, y en él intervienen infinidad de nervios, decenas de grupos musculares, y la totalidad del sistema orgánico del individuo. Así vemos que cuando por cualquier mecanismo de excitación (que puede ser una reminiscencia erótica, la presencia de un estímulo sexual determinado, el ver una película de contenido sexual explícito, un juego amoroso, etc.) el hombre asocia el estímulo que está recibiendo con el placer sexual que podría derivar de la situación, su cerebro envía órdenes instantáneas a todo su organismo, activándose un complejo proceso físico. Así, se producen los cambios en el pene (los llamados cuerpos cavernosos, se llenan de sangre y el pene se vuelve erecto y rígido, listo para la penetración), la próstata comienza a segregar el líquido seminal, y se incrementa el ritmo de los latidos del corazón, así como el ritmo respiratorio. Además, se produce sudoración, un cambio eléctrico en la piel del individuo, y muchas otras reacciones secundarias, aunque igualmente importantes.

El hombre así estimulado, comienza a moverse rítmicamente y en un momento dado de excitación sexual máxima, eyacula; es decir, expulsa al exterior (por el pene) millones de espermatozoides en el llamado líquido seminal. Esa eyaculación va acompañada, generalmente, de movimientos bruscos, de gemidos de placer, quejidos, contracciones, sensaciones que le son agradables y otros gestos corporales involuntarios. Y es todo este movimiento y todas estas reacciones aquí descritas las que el hombre a veces finge... para evitarse **conflictos conyugales**.

CUANDO EL HOMBRE FINGE EL ORGASMO... ¿SE DA CUENTA LA MUJER?

En primer lugar, es indiscutible que hay hombres que son excelentes actores en la intimidad y que son capaces de protagonizar una escena de amor apasionado a la perfección. Pero si se piensa en el semen que debe quedar depositado en la vagina, una vez que el hombre eyacula, la realidad es que muchas veces este elemento no puede ser detectado por la mujer más experta. ¿Por qué?

- El volumen de la eyaculación masculina varía de un hombre a otro, y depende de diferentes factores: de su salud, edad, de su grado de excitación, del tiempo transcurrido desde la última eyaculación, etc.
- Pero, además, si la mujer logra alcanzar un grado de excitación real durante el encuentro íntimo, su vagina segregará una serie de sustacias lubricantes que, en muchos casos, se puede confundir con el semen del hombre.

Por otra parte, hay veces que el hombre insiste en eyacular fuera de la vagina como medida de protección anticonceptiva. En estos casos, es él quien tiene el control absoluto de su eyaculación (en la mano, en un paño, en la cama). Y como el propósito del llamado coito interrumpido es, precisamente, que la mujer no esté en contacto con el semen de su hombre (para evitar el embarazo), él puede encontrar la excusa perfecta para dejar la cama... sin que la mujer en ningún momento haya comprobado su eyaculación.

Esta misma justificación se puede aplicar al caso de hombres que usan preservativos (condones) durante el acto sexual. Al extraer el pene de la vagina, son ellos quienes controlan toda la operación de eliminar el preservativo y tirarlo. Generalmente la mujer no tiene acceso al mismo, además de que todo el proceso de remover el preservativo es una rutina que muchas rechazan. ¡Es muy difícil! La única forma de comprobar si el hombre ha alcanzado la eyaculación y el orgasmo es viendo el semen... o comprimiendo el pene, después que se ha producido la supuesta eyaculación, para comprobar si expulsa cualquier residuo de semen que haya quedado retenida en la uretra. De lo contrario, siempre existe la posibilidad del engaño.

Al mismo tiempo, confrontar a un hombre sobre esta mentira sexual puede ser un arma de doble filo:

- Pocos hombres aceptan el hecho de que fingen el clímax en un momento dado.
- A partir de ese momento, una vez avisados de que se está sobre la pista de su engaño en la intimidad, es posible que el sexo tome otros matices diferentes... o que no se produzca más la intimidad.

¿Qué hacer, entonces? Una importante recomendación para la mujer: tratar de que la intimidad con el hombre sea espontánea y natural, que se produzca por sí misma... nunca provocada, ni (menos) exigida. Al mismo tiempo, es preciso alcanzar durante el encuentro íntimo el máximo relajamiento posible... la tensión (téngalo siempre presente) es la gran enemiga del amor. Y si nota en algún momento que su hombre muestra cierta dificultad para alcanzar el orgasmo, quizás se imponga una conversación franca y objetiva con él sobre este importante tema, sugiriéndole que obtenga la ayuda de un profesional. A veces, un simple ajuste en la dieta, en los medicamentos, o en los hábitos puede devolver la normalidad a un hombre que está padeciendo de eyaculación retardada... y convirtiéndose en un mentiroso sexual.

¿EYACULAN LOS HOMBRES QUE FINGEN SU CLIMAX SEXUAL?

Los estudios llevados a cabo al respecto, así como las estadísticas compiladas con voluntarios que han rellenado cuestionarios al respecto, demuestran que los hombres que fingen el clímax sexual quedan en un estado de excitación grande. Es decir, al no producirse la eyaculación, la presión sexual acumulada durante toda la experiencia íntima se mantiene, y la alteración física que ha alcanzado el cuerpo del individuo con la estimulación sexual, cede sólo ligeramente.

Ya a solas, relajados, muchos recurren a la masturbación como una forma de dar escape a esa presión sexual contenida; otros, en cambio, permanecen aparentemente inalterables... pero en realidad se muestran frustrados, inquietos, y en algunos casos hasta recurren a la violencia física como forma instintiva del organismo para canalizar las presiones y tensiones a las que el cuerpo ha estado sometido.

SI EL HOMBRE FINGE EN EL SEXO... ¿QUE OPINA LA MUJER?

Según los sexólogos, las reacciones femeninas varían:

- Algunas mujeres adoptan la actitud condescendiente de que "si nosotras lo hacemos, por qué no ellos".

- Otras, en cambio, se sienten burladas, frustradas, hasta agresivas al saber que no son capaces de llevar a sus hombres al momento culminante del acto sexual: el clímax y la eyaculación.

- Muchas no dan mayor importancia a esta situación, e inclusive consideran que esta forma de mentira piadosa es beneficiosa para la mujer, porque no tiene que enfrentarse a la realidad de comprobar, cara a cara, que no es capaz de satisfacer completamente a su hombre en la intimidad.

- Pero una inmensa mayoría de las mujeres, al planteárseles esta posibilidad, se sienten incrédulas de que sus hombres puedan estar engañándolas en lo que ellas consideran que es "el momento supremo del amor".

- Y hay quienes adoptan la actitud superior de que ellas difícilmente pueden ser engañadas en una cuestión tan básica de la relación hombre-mujer.

Y usted... ¿qué opina?

CAPITULO 8

LAS MAYORES
INSEGURIDADES
SEXUALES
DEL HOMBRE:
¿COMO AFECTAN
LA RELACION CONYUGAL?

Ha contribuido la mujer a que el hombre actual sea más vulnerable en los momentos más íntimos...? ¿Cómo afecta al hombre de hoy la posibilidad de ser acusado de "abuso sexual"...? ¿Es más tímido en la intimidad, al comprobar que la mujer le ha robado en parte su papel tradicional de seductor y conquistador...? ¿Cómo afecta su capacidad de erección la posibilidad de ser contagiado con una peligrosa enfermedad venérea...? ¡Este capítulo le ofrece las respuestas!

En los últimos años se han escrito tantos libros para ayudar a las mujeres a alcanzar la satisfacción sexual plena en la intimidad que cualquiera podría suponer que ellas —y solamente ellas— tienen la exclusividad de todos los problemas sexuales que confronta la pareja. Quien se dedique a leer —aunque no sea más que los títulos de algunas de estas publicaciones— puede llegar a pensar que el hombre es un ser supersexual por excelencia, capaz de excitarse y mantenerse excitado fácilmente... y que su única preocupación al hacer el amor debe concentrarse en satisfacer a tantas mujeres frustradas en su vida íntima. La realidad es que ningún concepto puede ser más equivocado.

Cada día se hace evidente que es mayor el número de hombres que sufren de los mismos temores que tradicionalmente se le han adjudicado a la mujer... e inclusive de muchos más. Resulta curioso observar que mientras más libertades conquista la mujer con respecto a su sexualidad, mientras más inhibiciones pierde en la intimidad, mayores dificultades parecen experimentar los hombres con respecto a su sexualidad. Lo que está sucediendo es que al atreverse las mujeres a expresar abiertamente sus deseos y necesidades más íntimas, también aumenta en ellos el temor a no poder satisfacerlos.

La realidad es que los hombres son —con respecto a su sexualidad— tan frágiles como las mujeres. Es más, con frecuencia les es más difícil realizar el acto sexual si la situación y el ambiente no son exactamente lo que ellos esperan, y esto no se refiere exclusivamente a casos aislados, sino a muchos problemas sexuales crónicos que afectan a infinidad de hombres en todas partes del mundo. ¿Cuáles son los problemas que puede confrontar el hombre en la intimidad? A continuación, una selección objetiva de las inhibiciones masculinas más importantes.

1
LA INHIBICION ANTE LA POSIBILIDAD DE QUE LA MUJER LO PUEDA RECHAZAR

Uno de los conflictos mayores que afectan a los hombres en la actualidad con respecto a su sexualidad es que —a pesar de los alardes que con frecuencia hacen para demostrar todo lo contrario— la realidad es que muchos no saben cómo conseguir compañera. Aun con las actitudes tan flexibles que existen hoy en día con respecto a las relaciones sexuales, existen hombres que son demasiado tímidos (o retraídos, como queramos llamarlos) para aproximarse a una mujer y establecer una relación con ella que eventualmente pueda conducir al acto sexual.

Por contradictorio que pudiera parecer, en verdad la mayoría espera a que sea la mujer quien inicie el acercamiento... ya sea mediante el lenguaje de su cuerpo o directamente (según encuestas anónimas llevadas a cabo a nivel internacional, así como a estadísticas comparadas por asociaciones de sicólogos). Por supuesto, esta inhibición masculina ocasiona numerosos conflictos en la actitud natural del hombre como conquistador. Porque el proceso que lleva a la unión sexual a dos personas sigue manteniendo las mismas características de hace cincuenta años; es decir, como regla general se espera siempre que sea el hombre quien tome la iniciativa en el amor.

Esta iniciativa de seducción, además, nunca debe ser directa, sino llena de sutilezas y simbolismos, ya que los planteamientos directos —a pesar de la apertura sexual que prevalece hoy en día— distan mucho de ser aceptados por la mayoría de las mujeres.

No hay duda de que los seres humanos somos demasiado complicados y sensibles, tanto que a veces es muy difícil descifrar las señales de aceptación disfrazadas que nos llegan de otros seres humanos. Algunas parejas viven juntas durante toda una vida, y en verdad nunca llegan a conocerse a fondo. Peor aún, mientras se mantenga vigente el sistema de doble moralidad que continuamos viviendo hoy en día, son pocas las probabilidades de que la situación cambie. Por un lado, después de la revolución sexual que se produjo en los años sesenta y setenta del siglo pasado, se supone que la mujer también tome la iniciativa en la intimidad: primeramente porque es su derecho; y en segundo lugar porque su actitud puede constituir un estímulo sexual para el hombre en cuestión. Sí, en teoría este concepto funciona muy bien, y miles de liberacionistas con frecuencia mencionan como un triunfo todos estos derechos conquistados por la mujer en las últimas décadas. Pero... ¿qué sucede en la realidad? De acuerdo a encuestas realizadas recientemente, con hombres y mujeres que han respondido anónimamente a cuestionarios muy específicos,

- **La mujer promedio rara vez toma la iniciativa en la intimidad porque la mayoría se atiene a los convencionalismos de siempre. Estos —por lo general— rigen todas sus actitudes con respecto a las relaciones íntimas.**

¿El hombre actual...? Debido a diferentes factores (incluyendo la posibilidad de ser acusado de abuso sexual, que es hoy motivo de frecuentes batallas legales ante los tribunales de todo el mundo) ha ido abandonando gradualmente su papel tradicional de seductor y conquistador. En verdad no sabe cuál es el camino a tomar cuando le gusta una mujer y quiere conquistarla debido a las malas interpretaciones y equívocos que pueden surgir en el proceso de acercamiento a ella. Y ante ese temor a verse rechazado o de que sus intenciones sean malinterpretadas, prefiere retraerse... consciente de que su sexualidad se está afectando, que está renunciando al placer que proporcionan las relaciones sexuales, pero aceptando que prefiere la abstinencia antes de un rechazo que hiera su amor propio, o involucrarse en un complejo proceso de ser acusado de acoso sexual.

Quizás algunas mujeres nunca antes se hayan detenido a pensar en esta situación que confronta el hombre actual, pero son muchos los hombres que se han visto virtualmente paralizados en su papel tradicional de conquistadores ante la incertidumbre de no saber cómo reaccionará la mujer que les interesa. Como resultado, nos encontramos que aun a principios de este nuevo milenio hay muchos hombres que temen propiciar un momento de acercamiento íntimo con una mujer por el temor a sufrir la humillación de recibir una negativa.

Naturalmente, siempre hay excepciones. Por ejemplo, el hombre que haya desarrollado la suficiente experiencia en el arte de conquistar a la mujer, de alguna manera percibe cuál es el momento apropiado para iniciar un romance, ya sea por la mirada de complicidad de la mujer, por su expresión corporal, por una frase sugestiva. No obstante, hay que tener en cuenta que no todos los hombres saben interpretar estas señales de asentimiento femenino, y por ello muchos no se atreven a correr la aventura. Y no es que estos hombres estén incapacitados sexualmente, o que muestren inclinaciones homosexuales. De acuerdo con los estudios sicológicos y sexológicos llevados a cabo al respecto, muchos de los que han sufrido estos temores han demostrado después —una vez que han logrado establecer una relación íntima debidamente equilibrada— ser viriles y adecuados en la intimidad, cuando han encontrado finalmente una compañera que no los intimide y que comprenda cuáles son los puntos vulnerables en su sexualidad. Afortunadamente, una vez vencida la inseguridad inicial en la relación hombre/mujer, estos problemas e inhibiciones masculinos se van desvaneciendo progresivamente.

2
EL TEMOR DEL HOMBRE A QUE SUS GENITALES SEAN INADECUADOS

La mayoría de los sicólogos y siquiatras están de acuerdo en que la inseguridad más común en el hombre de hoy —aunque pueda parecer absurda en la actualidad, debido a los muchos artículos y libros que se han publicado sobre este tema en los últimos años— es el temor a que sus órganos sexuales sean inadecuados; es decir, les aterra la posibilidad de que resulten muy pequeños para la mujer con la que va a tener relaciones sexuales (es algo similar a lo que sucede con la mujer que se pasa la vida preocupada por las dimensiones de sus senos y cómo ello puede afectar la imagen femenina que el hombre tenga de ella). Infinidad de hombres presentan este problema, y por lo general el conflicto y la duda surgen casi siempre de un factor de desconocimiento por parte del hombre, no sólo en lo que respecta a la anatomía femenina, sino a la suya propia. Esto se debe a la educación sexual vaga que se sigue impartiendo en la actualidad a hombres y mujeres por igual, y a los conceptos excesivamente rígidos que prevalecen en una sociedad eminentemente machista (como es la sociedad latinoamericana), en la que las dimensiones de los genitales masculinos se mantiene en proporción directa con el nivel de virilidad del hombre en cuestión.

De acuerdo con todos los estudios sexuales que se han realizado:

- El tamaño del órgano sexual masculino, en erección, es de 15 a 16 centímetros. Cualquier diferencia con estas dimensiones —consideradas promedio— carece por completo de relación con el placer que tanto el hombre como la mujer puedan experimentar en sus relaciones íntimas.
- La vagina es un músculo que se expande o contrae de acuerdo con el tamaño del órgano sexual masculino con el que entre en contacto.
- Asimismo, debe tomarse en consideración que los casos de mujeres que se quejan de la deficiencia de sus cónyuges debido a las dimensiones de sus órganos genitales es en realidad bastante reducido (según encuestas).
- Sin embargo, tanto el erotismo que se desprende del cine internacional como de la Literatura han idealizado el concepto de hombres superdotados y de mujeres hambrientas y preocupadas por las dimensiones genitales de sus compañeros de sexo. Es lógico que ante este barraje de publicidad distorsionada en los medios de comunicación, una falsedad repetida tantas veces llegue a convertirse en una verdad que muchos aceptan ciegamente, sin detenerse a pensar cómo es que la mujer logra su excitación sexual, y si en verdad las dimensiones de los genitales influye en el proceso. Este factor de evidente conflicto masculino, que tantas inhibiciones provoca en la intimidad, es totalmente imaginario... aunque no hay duda de que desarrolla en muchos hombres un complejo de inferioridad que es bastante difícil de disipar.

3
LA EYACULACION PREMATURA

La eyaculación prematura es el fenómeno que ocurre cuando el hombre alcanza el clímax apenas iniciado el acto sexual, o pocos segundos después. En este caso se encuentran aquellos hombres que no pueden controlar su proceso de eyaculación en posición intravaginal durante el tiempo suficiente para que su compañera de intimidad quede satisfecha (al menos en el 50% de los contactos sexuales).

En los jóvenes, la eyaculación prematura es frecuente, desde luego. También cualquier hombre que se haya mantenido en estado de abstinencia durante mucho tiempo puede eyacular precozmente al tener contacto sexual con una mujer que realmente lo excite. Pero este problema es cada vez más frecuente en hombres de todas las edades, y los estudios demuestran que se encuentra con la mayor frecuencia entre los hombres cuyas primeras experiencias sexuales tuvieron lugar con prostitutas; es decir, debido al concepto de rapidez que rige el trabajo de muchas de estas mujeres para que su horario resulte más productivo, hay hombres que desarrollan el hábito de eyacular apenas se inicia el contacto sexual... una deficiencia que, si no es corregida debidamente, puede ser arrastrada por toda la vida, provocando frustraciones e inhibiciones en el hombre que la padece... y serios **conflictos conyugales**.

Para corregir esta situación existen diferentes métodos cuya aplicación debe ser considerada por el profesional, dependiendo de la seriedad del problema:

- Usualmente las dificultades creadas por la eyaculación precoz desaparecen por sí mismas si el hombre se familiariza con su compañera de intimidad, se compenetra debidamente con ella, y llega a disfrutar plenamente del encuentro sexual.
- Pero hay muchas formas de tratar una situación de eyaculación prematura, y una de ellas consiste en incrementar la actividad sexual durante un período limitado de tiempo. Es evidente que si un individuo logra más regularidad en la frecuencia de los actos sexuales en los que participa, progresivamente le tomará más tiempo alcanzar el clímax y más se apartará de la posibilidad de eyacular precozmente.
- Asimismo, algunos sexólogos sugieren que durante las relaciones íntimas el paciente se concentre en fantasías que sean ajenas al acto sexual en sí, confiando en que las mismas distraigan parcialmente su atención de la actividad en la que están participando, y moderen de este modo su nivel de excitación en el encuentro sexual.
- También es de gran importancia considerar que existen medicamentos inhibidores que retardan el momento culminante en el proceso sexual, pero los mismos deben ser empleados tan sólo siguiendo las indicaciones muy específicas del especialista.

Desde luego, las medidas anteriores no son infalibles en todas las situaciones de eyaculación precoz, y tienen diferentes grados de éxito. De cualquier forma, es importante considerarlos como remedios y no como curas definitivas. Sin embargo, los doctores Masters y Johnson —los conocidos sexólogos norteamericanos que escribieron el revolucionario *bestseller* Respuesta sexual humana; y que por años mantuvieron una prestigiosa clínica que ofrecía terapia sexual en St. Louis (Missouri, Estados Unidos— desarrollaron una técnica para el control de la eyaculación prematura que se considera totalmente efectiva, ya que apenas presenta un 2.2% de fracasos. Esto permite afirmar que el problema de la eyaculación prematura puede llegar a ser controlado completamente, una vez que el paciente recibe el tratamiento adecuado.

4
LA INCAPACIDAD PARA LOGRAR EL CLIMAX

Ahora examinemos una situación que es diametralmente opuesta a la anterior: la incapacidad de muchos hombres para lograr el momento culminante durante el acto sexual, una deficiencia que afecta a un número considerable de hombres. El hombre que alcanza el clímax apenas iniciado un momento íntimo, sufre indiscutiblemente, de un problema serio. Pero el que lo inicia y jamás logra el clímax, por mucho que se esfuerce, se encuentra en una situación aún peor. Para una mujer, este estado de cosas puede parecer excelente al principio, ya que mantiene a su compañero excitado durante lo que le puede parecer una eternidad, disponiendo del tiempo necesario para estimularse debidamente y alcanzar el orgasmo. No obstante, finalmente, ambas partes terminarán por sentir una gran frustración íntima, y los conflictos sexuales que pueden generar de una situación de este tipo son considerables.

Existen dos tipos de incapacidad eyaculatoria:

- Primaria. Es característica de los hombres que no pueden alcanzar el clímax bajo ninguna circunstancia, aunque mantengan la erección (la incidencia es muy limitada, y las estadísticas evidencian que casi siempre tiene causas físicas).
- Secundaria. Se manifiesta en los hombres que no pueden alcanzar el clímax durante el acto sexual, pero que sí lo logran al masturbarse o al recurrir a otros medios de excitación. Este tipo de incapacidad eyaculatoria es relativamente frecuente, y casi siempre se presenta como consecuencia de un trauma sicológico.
- Una subdivisión de la segunda categoría. Incluye a aquéllos que solamente pueden eyacular inconscientemente, por medio de sueños eróticos.

Esta deficiencia sexual —en su forma secundaria— es a menudo provocada por una educación muy rígida o religiosa que crea en el hombre un fuerte sentimiento de culpabilidad cada vez que tiene contacto íntimo con una mujer. Según las estadísticas de un estudio reciente que fue realizado al respecto con diez hombres que eran incapaces de alcanzar el clímax con su cónyuge:

- Cinco tuvieron su origen en complejos de índole religiosa; consideraban que el acto sexual era pecaminoso si no se realizaba con la intención de procrear.
- Otros tres casos rechazaron inconscientemente a sus compañeras de sexo.
- Uno se casó con la mujer exclusivamente por el dinero y la posición social de la misma; por lo tanto, confesó que no era capaz de alcanzar el nivel de excitación necesario con su cónyuge para llegar a su clímax sexual.
- El último de los diez hombres considerados en este estudio, un paciente de 30 años, padecía de la incapacidad de alcanzar el clímax sexual desde la adolescencia, cuando fue sorprendido por la Policía mientras mantenía relaciones sexuales en un automóvil. Desde ese momento, el temor a ser sorprendido en medio del acto sexual le había impedido alcanzar la plenitud en la intimidad. Es decir, una situación traumática puede provocar la incapacidad de eyacular.

Según investigaciones similares, otros pacientes no han tenido nunca dificultades en la eyaculación hasta haber pasado por un episodio íntimo realmente traumático. Por ejemplo:

- Un hombre que había perdido su capacidad de alcanzar el clímax sexual encontró a su esposa en una oportunidad engañándolo con un amigo íntimo en su propio hogar. Desde ese instante, aunque continuó logrando una erección parcial durante el acto sexual con la esposa, no pudo volver a eyacular.
- Un segundo individuo había sido observado por sus hijos mientras hacía el amor con la esposa, y durante nueve años después del episodio le fue imposible alcanzar el clímax durante el encuentro íntimo.

Es interesante hacer notar que las esposas de estos pacientes que sufrían de incapacidad para alcanzar su clímax sexual experimentaron un aumento en el número de sus orgasmos como consecuencia de las dificultades confrontadas por sus cónyuges: al disponer de más tiempo para excitarse adecuadamente en la intimidad, lograron el orgasmo en un alto porcentaje de los encuentros sexuales (algo que no siempre sucedía cuando hacían el amor antes de que se presentara la situación de conflicto).

El hombre que ocasionalmente se encuentra incapacitado para alcanzar el clímax durante el acto sexual deberá tratar de resolver su problema considerando algunas de las técnicas diseñadas por Masters y Johnson para impedir la eyaculación prematura, como la concentración en fantasías eróticas que lo estimulen a niveles más elevados. Pero si se comprueba que el estado es crónico, es importante que consulte su situación con un especialista inmediatamente.

Enfatizando conceptos anteriores:

- La incapacidad eyaculatoria primaria es bastante rara y su causa es de origen físico. Por lo tanto, sólo se cura tratando esta última y no el problema en sí.

En el tratamiento de la incapacidad secundaria para lograr el clímax, los especialistas y terapeutas sexuales han logrado el éxito en el 82.4% de los casos tratados. Asimismo, consideran que este porcentaje aumentará aún más en un futuro inmediato, una vez que los métodos que se han diseñado para controlar esta deficiencia sean debidamente ajustados.

5
LA IMPOSIBILIDAD DE LOGRAR LA ERECCION...

No poder lograr una erección —o no ser capaz de mantenerla durante suficiente tiempo— es algo que siempre ha traumatizado a los hombres (y a sus compañeras de intimidad, desde luego) a lo largo de toda la historia de la humanidad. Como el temor a la impotencia sexual es una inseguridad tan común, es fundamental examinar este fenómeno en sus dos tipos:

- Primario, en el que el hombre nunca ha podido mantener una erección; y
- secundario, en el que el fenómeno se presenta en determinadas situaciones, y de modo inesperado.

En este punto es importante referirse a la impotencia crónica, no a los fracasos ocasionales que sufren todos los hombres en algún momento de sus vidas debido a una alteración síquica pasajera, a la fatiga física, al exceso de alimentos o de alcohol, al uso de ciertos medicamentos, a la falta de sueño, etc. A menudo, un fracaso íntimo accidental puede ser tan traumático para el ego del hombre en cuestión que —a partir de ese momento— comienza a sentir temores a que se repitan episodios de la misma índole. En esos casos corresponde a la esposa devolverle la seguridad en sí mismo.

En cuanto a la forma primaria, la situación no se puede prestar a confusiones:

- **Si un hombre no ha tenido nunca una erección, es impotente.**

De acuerdo con las estadísticas, cuando los fracasos de un individuo para lograr la erección se aproxima al 25% de las ocasiones en que mantiene relaciones sexuales, es necesario aceptar el diagnóstico clínico de impotencia secundaria:

- Para determinar las causas de esta condición deben buscarse primeramente los factores físicos, ya que son los más fáciles de diagnosticar y de tratar. Es por ello que un examen médico completo es imprescindible. El médico no sólo trata de identificar señales de fatiga u otros de los factores anteriormente mencionados, sino que también investiga las posibilidades de desequilibrio hormonal o la presencia de enfermedades (como la diabetes mellitus, uno de cuyos primeros síntomas es la impotencia).
- Si ningún problema físico se pone en evidencia, y si el hombre también tiene dificultad en lograr la erección fuera del acto sexual, es necesario atribuir la situación a factores sicológicos. Son muchos los elementos que pueden contribuir a la impotencia sicológica: desde los antecedentes creados por una madre dominante, una educación religiosa inflexible, una orientación primariamente homosexual, bajo nivel de autoestimación, interés en otra mujer, o simple aburrimiento, hasta el temor a fecundar a la mujer o hacerle año en la penetración. Cuando la impotencia se manifiesta solamente con la esposa, frecuentemente se debe a sentimientos de hostilidad reprimidos. También a veces se manifiesta la impotencia con una mujer que se ama debido a una estrecha asociación que se establece entre ella y la imagen de la madre.

Una vez que se establece el diagnóstico, el tratamiento debe comenzar inmediatamente para evitar que se arraigue el hábito del fracaso en el proceso de alcanzar la erección. Tradicionalmente, el tratamiento ha consistido en largas sesiones de sicoanálisis que brindan al paciente una amplia comprensión del problema... y muy pocos resultados prácticos. No obstante, el método que los sexo-terapeutas Masters y Johnson desarrollaron hace años en su clínica de St. Louis sigue siendo utilizado a nivel mundial; toma dos semanas, y su éxito ha sido del 78.8% de los casos de impotencia secundaria y de 59.5% en los casos de impotencia primaria. Estas cifras son muy favorables con relación a otros métodos que se utilizan habitualmente para tratar la impotencia sexual, pero demuestran que un tratamiento más efectivo está aún por ser diseñado.

¡OTRAS INSEGURIDADES SEXUALES DEL HOMBRE!

En cuanto a otras inseguridades sexuales que hacen que el hombre sea igualmente vulnerable en la intimidad, consideremos las siguientes:

- Algunos hombres temen no poder realizar el acto sexual más que una vez por semana... lo que es una frecuencia que pudiera considerarse normal después de pasados los 30 años, si se toma en consideración que a partir de esa edad el nivel de testosterona (la hormona masculina) comienza a declinar en el hombre, además de que otros muchos factores pueden afectar la periodicidad de sus encuentros sexuales.
- No hay duda de que en una época como la actual, en la que las enfermedades de trasmisión sexual son tan frecuentes, hay muchos hombres que están definitivamente obsesionados ante el peligro de desarrollar una enfermedad venérea. Y entre ellas se encuentra, en primerísimo lugar, el SIDA (Síndrome de Auto-insuficiencia Inmunológica)... pero también se hallan el herpes genital (que se manifiesta con síntomas muy molestos para la persona afectada), así como la hepatitis del tipo B... ambas son altamente contagiosas e incurables.
- A pesar de la profusión de métodos anticonceptivos que se han desarrollado en la actualidad, hay hombres que se sienten vulnerables en la intimidad, considerando que siempre es posible que la mujer desarrolle un embarazo no deseado. Este temor puede ser ocasional, pero en algunos hombres definitivamente provoca la incapacidad para hacer el amor y es fuente de infinidad de **conflictos conyugales**.

- Finalmente, hay hombres que buscan en la mujer con la que van a tener relaciones sexuales ciertas características físicas muy especiales; si no las encuentran, se sienten decepcionados y defraudados, frustrados... y en la gran mayoría de estas situaciones el acto sexual puede interrumpirse indefinidamente, o ser deficiente. En algunos casos esta situación se presenta ya dentro del matrimonio, y puede ocasionar serias desavenencias conyugales, como es natural.

CONCLUSION

Aunque no hay duda de que nos encontramos en una nueva era que permite una expresión mucho más abierta de la sexualidad, gran número de hombres están afectados sexualmente por complejos de culpabilidad, vergüenza, y temores que quizás logran ocultar bien, pero que —definitivamente— se hallan muy presentes en sus mentes, afectando la forma en que funcionan en los momentos íntimos. El hombre de hoy es sexualmente muy vulnerable... ¡y la mujer actual debe ser muy consciente de ello para evitar situaciones de conflicto que puedan afectarlo permanentemente!

CAPITULO 9

EGOISMO CONYUGAL:
¡EL CANCER SILENTE QUE DESTRUYE MATRIMONIOS!

No siempre estamos capacitados para lidiar con el egoísmo, porque se trata de una actitud que desde pequeños se nos dice que es negativa, peligrosa, e injusta. Sin embargo, todos somos capaces de ser egoístas en determinados momentos... y en muchos matrimonios es la semilla de la discordia que origina conflictos de todo tipo, aunque pocos cónyuges se atreven a reconocerlo. ¿Por qué?

Analicemos los siguientes casos:

CASO No. 1
"EL QUIERE UN CONTROL ABSOLUTO EN NUESTRA RELACION CONYUGAL"

Aurora M., una ejecutiva de cuentas en una importante agencia de publicidad, había estado casada por doce años con un ingeniero; tenía dos hijas de edad pre-escolar. Cuando llegó al consultorio del sicólogo, se sentía embargada por una gran ansiedad, además de que tenía numerosas quejas sobre su relación conyugal. Ella y su esposo mantenían una relación altamente competitiva; cada uno trataba siempre de impresionar al otro al querer mostrar un nivel mayor de inteligencia, salir victoriosos en un juego o deporte, ganar el favor de sus hijas, percibir un salario más elevado, y saber más sobre un evento particular. Sus retos y esfuerzos por superarse continuaban, constantemente.

Aurora percibía a su esposo como un hombre altamente inteligente, pero rígido y frío; según ella, demandaba que todas las cosas se hicieran a su manera y antojo. Sin embargo, no reconocía que ella también era inflexible en sus formas de pensar... y tan competitiva como él.

Cuando se le preguntó si pensaba que su esposo era egoísta, Aurora respondió inmediatamente: "Sí, es egoísta. Tomás se preocupa por sí mismo, y me ignora a mí completamente; hace todo lo que quiere hacer... vacaciones, prolongar sus viajes de negocios para visitar a sus amigos... ¡Y todavía se atreve a decirme que se siente amarrado y presionado por mí! El espera que yo lo apoye en sus actividades y que todo en nuestra vida conyugal se desarrolle a su manera... Sí, yo lo llamaría egoísta... ¡y con una E mayúscula!".

CASO No. 2
"ELLA NO ES CAPAZ DE
ENTREGARSE COMPLETAMENTE"

Rolando G., tiene 36 años y es padre de un niño de 8. Se casó a la edad de 25, pero ha sido infeliz desde el comienzo de su matrimonio. Cuando el sicólogo al que acudió en busca de orientación le preguntó si consideraba egoísta a su mujer, respondió un tanto vacilante: "Se trata de una mujer que nunca se entrega completamente y, como nunca lo hace, yo raramente me siento cómodo o seguro con ella. No está dispuesta a ser abierta... no concibe la espontaneidad. Tiene un temperamento volátil y parece que estuviera enfadada en todo momento, como si odiara a toda la humanidad. Sólo piensa en sí misma y nunca en mí... o en los demás. Una vez me sorprendió con una fiesta de cumpleaños y, aunque inicialmente pensé que se trataba de una atención muy especial, finalmente me di cuenta de que lo que realmente quería era que yo también le hiciera una fiesta a ella... unos días después.

Desde el punto de vista sexual, mi esposa también es egoísta; si desea tener relaciones sexuales, no vacila en insinuármelo. No obstante, en cualquier otro momento, da excusas para evitarlo... o se somete pasivamente al amor. Yo siento que su inercia es frustrante. Además es testaruda, y en todo momento trata de convencerme de que estoy equivocado en mis actitudes o en lo que hago".

Cuando el sicólogo le formuló la misma pregunta a la esposa de Rolando, su respuesta fue negativa: "Rolando está siempre dando, pensando en mí. Si toma una fruta en sus manos, me pregunta si yo deseo compartirla con él... si me siento cansada o tengo un dolor de cabeza, se ofrece a darme un masaje en la espalda. Yo no soy así, y debo reconocerlo. Si como una manzana, no quiero compartirla. Si me ofrezco a darle un masaje en la espalda cuando admite que se siente extenuado, me canso rápidamente. La realidad es que ni siquiera dejo de ser egoísta con nuestro hijo, y aunque me siento realmente culpable por ello, no creo que pueda cambiar".

En nuestra vida íntima, siento que le gusto mucho a mi esposo... Rolando adora mi cuerpo, y me lo repite constantemente. Yo quisiera responderle más a menudo de la misma forma, pero la verdad es que sólo siento el amor por un período de tiempo muy corto...".

A medida que la esposa de Rolando hablaba, comenzó a contradecir cada vez más la evaluación positiva que había hecho inicialmente de su esposo. "Lo que más me disgusta de él son sus exigencias egoístas, las cuales nunca terminan", agregó. "Y resiento sus quejas de que yo no me entrego lo suficiente. El insiste en que le preste atención total y absoluta mientras habla; insiste en que le hagan el amor, mientras él recibe pasivamente. Se queja de que no recibe la suficiente atención; siempre ejerce más y más presión para que haga más y más por él... y cuando trato de hablarle acerca de mis sentimientos y mis necesidades, prefiere hablar de las suyas, sin prestar atención a lo que le estoy diciendo".

CASO No. 3
"SIEMPRE ESCOGE LO MEJOR PARA EL"

Por último, cuando a Rosa H., una señora de 35 años, jefa de una oficina de correos, recientemente separada de su esposo y con tres hijos (entre los 9 y los 12 años), se le preguntó si consideraba que su esposo era egoísta, no vaciló en responder que "con los niños suele dar muy poco de sí mismo... ésa es la realidad". "El sólo muestra interés en ellos cuando se recuerda que es padre; ahora que estamos separados, raramente los llama, y cuando lo hace ellos saben que él no cumple sus promesas. Para mí, ¡eso es ser egoísta! Conmigo también lo ha sido; siempre escogió lo mejor para él... ya fuera un asiento en el cine, los automóviles que conducíamos, la ropa, la comida... ¡todo! Nuestra vida íntima también era controlada por él; teníamos relaciones sexuales si él lo quería y cómo él lo quería. En un aspecto no puedo acusarlo de no pensar en mis necesidades o de no ser atento, porque se preocupaba de que en nuestra intimidad, mis necesidades físicas fueran satisfechas. Pero esto era algo que en verdad detestaba, ya que me hacía sentir como un objeto sexual... Ahora, al analizar nuestras relaciones conyugales, me es difícil creer que yo haya consentido a doblegarme a todas sus exigencias... por tanto tiempo".

Entre los protagonistas de estas tres historias hay varias cualidades en común, las cuales son evidentes. Cada una de estas personas reconoce el excesivo interés de su respectivo cónyuge en sí mismo, y considera que el egoísmo de su pareja constituyó una fuente generadora de sentimientos negativos y **conflictos conyugales** que van desde el dolor por no ser valorado en la forma debida, hasta el rechazo total y la ira. Pero, ¿es el egoísmo un problema tan común y serio en el matrimonio como estos casos de infelicidad conyugal podrían sugerir? ¿En qué otras formas puede manifestarse el egoísmo entre los miembros de una pareja? ¿Es éste un problema que puede solucionarse?

¡EL EGOISMO CONYUGAL NO SIEMPRE ES NEGATIVO!

Repita o escuche la palabra egoísmo, y la impresión que usted recibirá será negativa. Esto es así porque, en la mayoría de las culturas occidentales, el egoísmo es considerado como una imperfección, una cualidad no deseable, síntoma de una personalidad negativa; sin embargo —desde el punto de vista de la salud mental— el egoísmo también puede tener un significado positivo. Veamos...

- El egoísmo saludable permite que una persona trate constructivamente de satisfacer sus necesidades personales, pero sin ignorar o herir a las demás. Este tipo de auto-interés es adecuado y es característico de las personas que tienen una opinión favorable de sí mismas.
- Es más, a diferencia del egoísmo no saludable —que involucra una excesiva preocupación por la gratificación personal y una implacable búsqueda de placer con muy poco respeto hacia los sentimientos ajenos— el egoísmo saludable constituye un excelente indicador de satisfacción y felicidad.

En el matrimonio, el egoísmo también puede tener un serio impacto negativo y crear **conflictos conyugales** a veces insalvables:

- En el egoísmo saludable, el impacto será positivo, logrando hacer más sólida y estable la relación conyugal. Si cada uno de los dos miembros de la pareja se preocupa por satisfacer sus necesidades personales, sin herir o ignorar al otro, ambos podrán entregarse totalmente sin sentir que se sacrifican ni esperar algo a cambio.

- En cambio, el egoísmo desmedido e inadecuado puede provocar una interrupción de las relaciones armónicas, y hasta destruir un matri0-monio. Aunque no siempre es reconocido como tal, este tipo de egoísmo suele afectar con bastante frecuencia las relaciones matri-moniales. Afortunadamente, hay soluciones, y con un poco de nego-ciación y disposición, la discordia puede ser controlada.

¡DISFRACES PARA UN MISMO TIPO DE PROBLEMA!

Aunque hay una amplia variedad de quejas que revelan discordias conyu-gales severas, las acusaciones de egoísmo entre los miembros de una pareja son bastante raras:

- Muchas veces, los hombres se quejan de que sus esposas en muchas ocasiones les dan excusas de todo tipo para evitar las relaciones sexuales con la frecuencia que ellos desearían, y de que ellas no prestan la atención que esperan para satisfacer sus necesidades más íntimas.
- Las mujeres, por su parte, son más propensas a considerar que sus cónyuges son muy exigentes en el aspecto sexual, o que se quejan injustificadamente de sus gastos y estilos de vida.

Pero el egoísmo muchas veces se manifiesta enmascarado bajo otros disfra-ces, los cuales hacen que los cónyuges peleen y discutan incesantemente acerca de asuntos que no tienen nada que ver con la realidad del problema (o problemas) que los están afectando. Aunque el egoísmo se manifiesta en casi todas las situaciones de **conflicto conyugal**, raramente es identificado por la pareja como un problema, mucho menos como un elemento de discordia que pueda ser resuelto por medio de la negociación. Sin embargo, entre las quejas más comunes de discordia conyugal bajo las cuales pueden ocultarse profundos problemas de egoísmo se destacan estas tres:

1
LOS DESACUERDOS ACERCA DE LA ACTIVIDAD SEXUAL...

El sexo es uno de los campos de batalla más utilizados por las parejas para esconder situaciones de egoísmo:

- La mujer por lo general se queja que su esposo siempre quiere tener relaciones sexuales, mucho más frecuentemente de lo que ella desearía;
- el hombre habitualmente se queja de que ella nunca inicia la intimidad.

El usar palabras extremas como "siempre" y "nunca" a menudo desata una nueva área de peleas.

El patrón que usualmente utilizan las mujeres para evitar relaciones sexuales es responder que están "demasiado cansadas", que "tienen dolor de cabeza", o que "los niños pueden oír"; sin embargo, muy pocas se atreven a aceptar que se sienten poco amadas por sus cónyuges, no apreciadas, y que el esposo sólo muestra interés o afecto por ellas cuando quiere tener sexo. Por eso, aunque el esposo percibe que está siendo rechazado por su mujer, desconoce por qué... y debido a ello, jamás podrá corregir el comportamiento que su cónyuge encuentra ofensivo. Si en lugar de lidiar con las verdaderas fuentes de disgusto y tensión, la pareja sigue en conflicto con respecto a los problemas sexuales, al concentrarse sólo en los síntomas, las raíces del problema se mantendrán intactas, y el resentimiento seguirá aumentando.

Naturalmente, con tal resentimiento es muy posible que las relaciones sexuales no puedan ser placenteras... y el **conflicto conyugal** se mantendrá vigente eternamente. Sin embargo, a no ser que la verdadera causa de la discordia sea resuelta, el tratamiento para el conflicto sexual nunca podrá ser efectivo.

2
LAS PELEAS CON RESPECTO AL DINERO...

Los enfrentamientos severos sobre las cuestiones de dinero constituyen otra causa frecuente de **conflictos conyugales**, y también encubren otras preocupaciones más básicas... como quién es el que aporta los ingresos al matrimonio, quien gasta qué, y quién lleva el control de las finanzas de la familia. Con quejas hostiles con respecto al dinero, los miembros de la pareja expresan su irritación mutua, mientras mantienen un silencio devastador acerca de las causas reales que originan sus conflictos.

3
LA LUCHA POR EL CONTROL...

Muchos **conflictos conyugales** surgen con respecto a quién es el jefe (o la parte preponderante) en la pareja. Esto en ocasiones representa una fiera competencia por el control de la relación e involucra un complejo grupo de necesidades individuales e interpersonales con las que los cónyuges raramente lidian abiertamente. En lugar de preguntarse por qué cada uno reta agresivamente al otro, ambos adoptan una postura acusatoria y se mantienen echándose la culpa mutuamente.

IDENTIFICAR CUAL ES EL PROBLEMA...
¡EL PRIMER PASO PARA SOLUCIONARLO!

Aunque es difícil identificar el egoísmo como la verdadera raíz de muchos **conflictos conyugales**, con una ayuda mínima muchas parejas pueden llegar a reconocerlo. ¿Siente usted que su esposo o esposa es egoísta...? es la primera pregunta que deben plantearse los miembros de la pareja en conflicto. Como puede observarse en los casos presentados al inicio de este capítulo, esta simple pregunta a menudo conduce a respuestas lo suficientemente significativas y punzantes como para lograr identificar la verdadera raíz del conflicto matrimonial. Hacer pensar a los cónyuges sobre el posible egoísmo de su pareja, frecuentemente logra que el verdadero trastorno sea identificado.

Unicamente identificando el egoísmo como la manzana de la discordia en las relaciones conyugales, las parejas podrán dejar de discutir sobre esos otros temas que tienen muy poco (o casi nada) que ver con el verdadero problema... y entonces podrán concentrarse en la solución de éste. Si no lo hacen, no cabe la menor duda de que seguirán acumulando resentimientos.

ES IMPRESCINDIBLE COMPARTIR LOS SENTIMIENTOS HONESTAMENTE... SIN ATACAR NI ACUSAR

Después de que la verdadera raíz del **conflicto conyugal** sea identificada, ésta deberá ser discutida abiertamente. Sin embargo:

- A menudo, aunque las parejas hayan reconocido que el egoísmo es la causa principal de sus problemas, subconscientemente evitan discutir acerca de este elemento, y ello se debe a que en el fondo tienen miedo de que una discusión honesta pueda empeorar más la situación y terminar por desintegrar el matrimonio. Como consecuencia, prefieren seguir peleando sobre otras áreas más superficiales de insatisfacción, y de esta forma prolongan su continuada miseria juntos.

Para que el matrimonio recupere su sentido de placer y recompensa —después de que el factor egoísmo sea identificado como causa de conflicto— la pareja deberá atreverse a tener esa confrontación que tanto teme. No obstante, aunque honesta y abierta, la confrontación debe ser respetuosa y para nada hostil. Es fundamental que los cónyuges aprendan a compartir sus verdaderos sentimientos de una manera sincera y directa, pero sin atacarse o acusarse el uno al otro, ya que esto podría profundizar las heridas que ya puedan existir.

Si usted vuelve a examinar los casos presentados al inicio de este capítulo, comprobará que:

- Después de reconocer el egoísmo de su esposo (o esposa), cada una de las personas entrevistadas mantuvo una actitud de condena absoluta hacia su pareja. Hasta la joven que reconoció sus propio comportamiento egoísta le echó la culpa a su pareja y se excluyó a sí misma de contribuir al problema.
- En lugar de preguntarse cómo es que su comportamiento refuerza el egoísmo de su pareja, cada una de estas personas parece estar diciendo: "Mi cónyuge es egoísta, pero yo no tengo ninguna culpa de que sea así".
- Además, ni siquiera aquéllos que aseguraron sentir un dolor intenso le mostraron alguna vez a su pareja sus sentimientos, ni le explicaron las circunstancias bajo las cuales estos sentimientos negativos habían sur-gido. No obstante, todos esperaban que el comportamiento supuestamente ofensivo de su pareja se detuviera, algo que —desde

luego— nunca hubiera podido ocurrir sin un previo análisis y discusión del conflicto.

Para ayudar a las parejas a que logren expresar sus emociones de una forma constructiva podría ser necesaria la intervención de un profesional. El entrenamiento en las cuestiones relacionadas con la comunicación de la pareja pudiera hacer que los cónyuges logren tener una confrontación sin acusaciones. Los cónyuges que sientan temor a expresar abiertamente sus sentimientos podrían necesitar un aliento adicional; por ello, es importante que entiendan que una vez que los conflictos reales en el matrimonio sean identificados y los sentimientos sean manifestados en una forma no hostil ni acusatoria, el dolor del pasado puede ser exitosamente manejado en gran número de las parejas que se encuentran en conflicto.

En conclusión: el egoísmo desmedido y no saludable es el cáncer de muchos matrimonios; sin embargo, si ambos miembros de la pareja están dispuestos a cooperar en la identificación y confrontación de este elemento que se esconde tan hábilmente detrás de otros elementos de conflicto en una relación conyugal, usualmente es posible que los cónyuges sean capaces de resolver sus diferencias y volver a disfrutar de los placeres y recompensas de la vida matrimonial.

EGOISMO SEXUAL:
¿POR QUE HAY MUJERES QUE NO SIEMPRE SON GENEROSAS EN EL AMOR?

Si el egoísmo conyugal es peligroso, el egoísmo sexual es un arma de doble filo aún más devastadora en las relaciones íntimas de una pareja. Sin embargo, las investigaciones que se han llevado a cabo sobre los **conflictos conyugales** de la pareja revelan que muchas mujeres la utilizan para "castigar" a sus cónyuges por sus frustraciones íntimas. La solución, desde luego, es otra.

Cuando una mujer se pregunta por qué no siempre es generosa en la intimidad con el hombre que ama, ello significa que existe un problema muy grave entre los miembros de la pareja... aunque es probable que ninguno de los cónyuges haya percibido aún el mismo. Sólo hace falta la sinceridad absoluta por parte de la mujer —y desde luego, un análisis detallado de sus sentimientos más íntimos— para detectar dónde puede radicar el conflicto. Si no es sexualmente generosa en el amor...

- ¿Es acaso porque no ama a su hombre como es debido... o no le gusta en el aspecto físico lo suficiente?
- ¿Es que quizás no sabe comunicar debidamente sus sentimientos al hombre con el que comparte su vida...?
- ¿No acepta la responsabilidad de que en toda relación es preciso dar para poder recibir...?
- ¿Es que considera que él no se merece que le entregue mucho más de lo que está ofreciendo en estos momentos...?

Todas éstas son las preguntas que debe plantearse la mujer ante la sospecha de que experimenta el egoísmo sexual, y en su respuesta se halla la clave de por qué a veces restringe su entrega íntima.

Tal vez el paso más indicado que puede dar la mujer para poder averiguar el porqué de su egoísmo sexual es comenzar por aceptar —de una vez y por todas— que las relaciones en general con el hombre que comparte su vida íntima no siempre serán tan sublimes como pudo haber pensado que serían en la etapa en que ambos se enamoraron y se juraron amor eterno. Y debido a esas decepciones (pequeñas y mayores) que inesperadamente surgen al convivir con otra persona (con un carácter y una personalidad diferentes, naturalmente), a veces se sustituyen los sentimientos de amor genuino por los de soberbia... los de ternura por los de cólera... y los de deseo sexual por los de egoísmo íntimo. Es más, hay momentos específicos en los que la mujer quisiera estar a muchos kilómetros de distancia de ese hombre que tanto ama... ¡y es honesta en esos instantes! Y entonces ese enojo, ese tormento que se ha quedado sin expresar, busca calladamente una salida... ¡una forma de desquite! Es casi siempre en ese instante en que la mujer que ama deja de ser generosa en el amor para dar paso a sentimientos negativos que, a la larga, van a generar otros sentimientos igualmente negativos... ¡en una cadena de reacciones sin fin!

¿FRIALDAD E INDIFERENCIA?
¡CUIDADO! ¡SON DOS ACTITUDES PELIGROSAS!

Desde luego, la manera de desahogar estos conflictos internos varía según la intensidad de la ofensa. Pero, las más comunes son la frialdad y la indiferencia... sobre todo cuando llega el momento de las relaciones sexuales. Ellas representan el modo más directo de venganza que la mujer posee... pero al mismo tiempo son actitudes terriblemente peligrosas para la relación conyugal. El sarcasmo, los insultos, los gritos, y las quejas a veces ahogan el verdadero sentimiento que clama, sin poder, por liberarse para producir la reconciliación: el amor. ¿No recuerda aquello que "sólo nos lastiman los seres que más queremos"... Y que "cuando pasa la tormenta, la dulzura de la reconciliación resulta a veces hasta empalagosa..."?

Si bien es cierto que el matrimonio no es un jardín de rosas, tampoco lo es de espinas únicamente. La ira, por ejemplo, es un sentimiento tan ciego como el amor, pero se puede controlar. Y el rencor, por otra parte, genera ideas tenebrosas. Pero, por fortuna estos sentimientos no suelen durar mucho tiempo. Lo fundamental, si la mujer se siente lastimada por el hombre que ama, es diferenciar las ideas que surgen en su mente de la realidad. Los celos, por ejemplo, por lo general impulsan a la mujer a herir al cónyuge con reacciones muy infantiles... para después darse cuenta de que, en la mayoría de los casos, son injustificados. Así pues:

- Es vital reconocer el origen de la hostilidad que se pudiera desarrollar en la relación conyugal. ¡Y ése es el primer paso para lograr algo verdaderamente positivo de cualquier frustración íntima que la mujer pudiera sentir!

¡VENGANZA... Y A CUALQUIER PRECIO!

Es importante, también, que la mujer preste atención a sus demandas y exigencias (las que calla y las que grita), porque ellas son parcialmente responsables por esa frustración y amargura a largo plazo que va invadiendo el hogar en forma progresiva; por esa faceta agresiva de su carácter que va corroyendo la relación conyugal. Son precisamente esas demandas no satisfechas las que explican el por qué de su conducta de egoísmo sexual con el hombre que ama. Y es preciso que sea franca en su análisis: a veces pudiera ser más generosa y dulce con los extraños que con el propio compañero con quien comparte su cama todas las noches.

¿Cómo es esto posible? Muy sencillo: porque se empecina en la venganza a toda costa... y muchas veces sabe exactamente cómo puede lograrla. Las frases hirientes son mortalmente dañinas y es preciso evitarlas; por ello, el autocontrol es una virtud fundamental para cultivar entre dos seres que realmente se aman. Pero la indiferencia sexual, como arma de venganza, puede ser mucho más peligrosa, y su alcance más largo del que la mujer que la esgrime pudiera imaginar.

¿No ha observado usted lo cuidadosa que es en el trabajo o con sus amistades cuando se enoja? ¿Utiliza con sus familiares (o con él) la misma diplomacia que despliega delante de las personas que no tienen por qué soportar sus estallidos emocionales...? Al analizar este fenómeno de conducta, estará de acuerdo usted en que existe una especie de "zona de seguridad" que se establece en ese tipo de relación fuera del hogar. Es un espacio que crea ciertos límites dentro de situaciones que son potencialmente explosivas. Esa *zona de seguridad* no es más que el respeto a la individualidad de la otra persona; es el terreno donde dos individuos se pueden medir frente a frente, y aceptarse sin pedir cambios.

¡ADMINISTRE LA IRA CON INTELIGENCIA!

El amor y la ira —lo mismo que la ternura y la agresividad verbal— son emociones normales en cualquier persona, y pueden manifestarse con frecuencia. Estos elementos —si son administrados con propiedad y mesura— no tienen por qué generar mayor culpabilidad o recriminación... Sí, es cierto que no siempre los cónyuges son dulces, generosos y complacientes en el amor, aun cuando no les falte la razón para ello. El problema grave comienza cuando existe más hostilidad que afecto; cuando el sarcasmo y la ironía pesan más en la balanza que el cariño por el cónyuge que aman; cuando la frustración es más intensa que el deseo sexual.

Si bien es cierto que a veces las mujeres hieren en la intimidad para protegerse (o para contra-atacar), es importante tener cuidado de que esa agresividad no se convierta en un hábito, o en un instrumento para manipular hábilmente al cónyuge. Esos mismos límites que todos establecemos en nuestras relaciones amistosas, esa zona de seguridad, es también necesaria en el amor y en las relaciones sexuales de la pareja. Sin embargo, a veces es difícil distinguirla... porque se sienten tan unidas a ese hombre, que los límites de la zona de seguridad son casi invisibles… muchas veces hasta inexistentes.

¿Qué sucede entonces? Pues que la mujer se convierte prácticamente en una arpía, olvidando que no todas las discusiones tienen que terminar en una batalla con flechas... sin tener en cuenta que muchas veces la soberbia y el orgullo empeoran una situación de **conflicto conyugal** que puede ser salvada con una simple conversación. Cuando la mujer trata de imponer su agresividad y su egoísmo sexual para expresar su protesta por algo, el resultado no siempre es el que espera. En muchas ocasiones ocurre precisamente lo opuesto: se alimentan las llamas de un fuego violento. Durante este proceso se hieren más los cónyuges, porque dejan de ser generosas en el amor y lastiman a quienes quieren sin conseguir ningún resultado práctico.

ESTRATEGIAS (SENCILLAS) PARA RESOLVER EL EGOISMO SEXUAL

Siga estas recomendaciones:

- Cuando se presente una situación de conflicto en la intimidad con su cónyuge, en todo momento mantenga su objetividad. Primeramente, acepte el hecho de que mientras más trate de disimular que está enojada (o iracunda), más corre el riesgo de ser injusta dentro de la unión conyugal. No considere el egoísmo sexual como arma para "castigar" a su hombre. En vez de recurrir a una actitud tan negativa, ponga las cartas sobre la mesa y —abiertamente— aclare la situación que haya podido crear el conflicto… sin perder la ecuanimidad.
- ¡Jamás se escude en el silencio! Tal vez por unos minutos no cause daño, pero por más de unas horas, el silencio es un arma cruel. El tiene todo el derecho del mundo a saber el motivo de su actitud callada. Y si fuera al revés, ¿qué haría usted? Póngase siempre en el lugar de él y analice este ángulo.
- ¿Indiferencia sexual en los momentos de intimidad? ¡Descártela en seguida! La indiferencia en la intimidad es egoísmo sexual... siempre un arma peligrosa, y usted debe tenerlo presente. Si quiere a su cónyuge realmente, es importante que trate de resolver su **conflicto conyugal** antes de que se presenten esos momentos íntimos... porque de otra manera, la indiferencia sexual puede dejar heridas dolorosas que tardan en cicatrizar.
- ¡Cuidado con la dulzura que es mal disimulada! Fingiendo que nada anormal sucede en sus relaciones conyugales, usted pretende decirle a su cónyuge que "todo va bien" y que "nada ha sucedido entre ustedes". Pero en verdad, si lo analiza detenidamente, la única engañada es usted, porque es usted quien sufre inútilmente, sin escape. Si el hombre que usted ama la ha herido (y esto puede suceder en muchas ocasiones, consciente o inconscientemente) no es conveniente callar. Exprese sus sentimientos a tiempo, para evitar los grandes estallidos

temperamentales. Dígale lo que hizo, y al mismo tiempo, anímelo a que se involucre en una comunicación franca, mutua, y abierta.

- Evite los abusos verbales. Grite si así lo desea, dígale lo cruel que es... pero tenga cuidado de no sobrepasar los límites de esa zona de seguridad que también debe existir entre dos cónyuges. Hay palabras que una vez que se dicen, jamás se pueden borrar. ¡Siempre dejan huellas profundas y son causa de muchos **conflictos conyugales**!

PERO... EL CONFLICTO CONYUGAL POR EGOISMO NO SIEMPRE PUEDE SER RESUELTO

Hay parejas en conflicto, sin embargo, para las cuales el sufrimiento y el dolor emocional han sido tan severos que los esfuerzos que se realicen para alcanzar la esperada solución a un **conflicto conyugal** causado por el egoísmo subyacente en la relación, fallan. Esto usualmente ocurre cuando cada cónyuge está tan disgustado y encerrado en sus propios conceptos que ninguno de los dos puede aceptar ninguna nueva información acerca del otro. Estos cónyuges por lo general responsabilizan totalmente al otro de la ruptura de sus lazos conyugales, y ni siquiera con la ayuda adicional de un especialista consiguen considerar su propia contribución al conflicto. En estos casos drásticos, los cónyuges evidentemente han llegado a la conclusión de que el matrimonio ha fracasado y, por lo tanto, no tratan de arreglar los lazos rotos. Estas parejas pudieran requerir orientación profesional y apoyo para poner fin a una relación mutuamente destructiva, de la manera menos hiriente y más positiva para ambos.

EL CONCEPTO DEL "BUEN AMOR"... ¿ESTA USTED ENAMORADA... REALMENTE ENAMORADA?

Responda a continuación las siguientes preguntas; si responde afirmativamente a cada una de ellas, no hay duda de que lo que usted siente por su cónyuge es el verdadero amor... el llamado "buen amor".

- ¿Considera que su cónyuge es un modelo de hombre ejemplar? Los sicólogos reconocen que cuando existe el verdadero amor, se idealiza a la persona que se ama. Si es así, no cabe duda de que él llena sus requisitos y exigencias en el amor.

- ¿Complace los deseos de él, primero que los suyos? Digamos, por ejemplo, si usted quiere ir de tiendas y él le pide que le acompañe para hacer una visita... ¿no le importa cambiar sus planes? De nuevo, si se ama verdaderamente, la satisfacción de uno de los dos se trasmite a la otra persona que forma la pareja.

- ¿Le presta atención a su cónyuge cuando él está hablando? Si lo quiere verdaderamente, debe sentir interés por conocer sus problemas e inquietudes y por ayudarlo a que los pueda resolver satisfactoriamente. Para ello es imprescindible dedicarle atención mientras habla, aunque se trate de conversaciones triviales.

- ¿Le concede tiempo libre para que lo dedique a su trabajo, a sus estudios, a sus relaciones profesionales, o inclusive para visitar a sus amigos...? Si su amor es verdaderamente maduro, usted no se sentirá desatendida ni menospreciada por el hecho de que él tenga ciertos momentos de privacidad. Por el contrario, los respetará.

- Si usted está fuera de la casa por unos días... ¿hace lo posible por volver al lado de él lo más pronto posible? Esto es síntoma de buen amor. Si de lo contrario usted no tiene prisa por regresar cuanto antes a su lado, sea sincera con usted misma... ¡Ese hombre no le importa tanto!

- ¿Se mantiene usted atenta al desenvolvimiento de sus actividades durante el día...? Por ejemplo, ¿le pregunta acerca de cómo le fue en el trabajo? ¿Está pendiente de su estado de ánimo o de su salud...? Cuando se ama realmente, estos pequeños detalles son sumamente importantes.

- ¿Conoce usted sus deseos y aspiraciones más íntimas... y es capaz de adivinar lo que le complace, e igualmente lo que le molesta? ¿Reconoce el tipo de persona que a él le agrada, y también las que no le simpatizan tanto...? Si usted se mantiene atenta a sus gustos, posiblemente no tendrá que preguntarle constantemente qué es lo que él desea de regalo para el día de su cumpleaños o en las Navidades, por ejemplo. Parte de la magia del amor es conocer la sicología de la persona que se ama, y también saber detectar cuáles son sus debilidades... aún aquéllas que la persona no se atreve a confesar.

- En los momentos agradables que usted pasa a solas, ¿no lamenta a veces que él no pueda estar junto a usted y que disfrute el placer de una puesta de sol, una cena deliciosa, o una melodía que está segura de que él también la disfrutaría? El pensar en él, en los momentos agradables, es un síntoma positivo de buen amor.

- ¿Le ha sucedido alguna vez que, a pesar de estar muy ocupada en su trabajo o en las tareas domésticas, le ha venido a la mente la imagen de su cónyuge...? Si es así, sin duda alguna lo ama. Por ello, su imagen está tan presente en usted.

CAPITULO 10

¿HA PERDIDO LA
ESPONTANEIDAD
SEXUAL?
¡HAY SOLUCIONES!

Hay parejas que —por diferentes factores— se alejan en la intimidad... hasta que dejan de tener vida sexual. Cuando esos problemas no son detectados (y solucionados) a tiempo, la vida conyugal se deteriora progresivamente. Sin embargo, los ajustes para impedir esta situación son mínimos... ¡y los resultados inmediatos!

Si su vida actual es tan complicada que por lo general tiene poco tiempo (o poca energía) para tener relaciones sexuales con su cónyuge, y cuando las tiene detecta que no es espontáneo, lo más probable es que tenga un grave **conflicto conyugal** entre las manos. Sin embargo, quizás haya decidido apartarlo de su mente, como puede hacer con otros placeres menos importantes que se niega a sí mismo con igual espíritu de sacrificio. Si éste es su caso, tal vez le sirva de algún consuelo saber que no es usted la única persona que arrastra el complejo de las excusas para no hacer el amor espontáneamente y tan a menudo como quisiera... o como lo desearía su cónyuge

Pero con toda honestidad, usted no necesita el consuelo de admitir que éste es un problema muy común entre personas muy activas y superocupadas. Lo que usted requiere —y con la mayor rapidez posible— es comprender si esta situación es perjudicial para el futuro de su matrimonio, y si está creando barreras de orden afectivo con su cónyuge. El siguiente paso consiste en comprender la diferencia que existe entre los términos agotamiento físico y cansancio mental:

- El agotamiento físico no se prolonga de un día para otro (o por el término de varias semanas) si usted tiene un número normal de responsabilidades y es una persona saludable.

- Su enemigo más peligroso es el otro tipo de cansancio, la fatiga mental, la cual genera un largo bostezo a la hora crítica del amor, o un amor forzado y poco espontáneo... y una falsa promesa de "mañana sí" que no se cumple a la noche siguiente... ni a la otra... ni a la otra.

Estas excusas constituyen el refugio habitual de muchas ansiedades, inseguridades, complejos, resentimientos. Generalmente, con estos indeseables huéspedes alojados en su subconsciente habremos de batallar siempre. Son los elementos negativos de la vida moderna, y nos persiguen en el empleo, en el hogar... ¡en todas partes! Pero esto no implica que no puedan ser desconectados o aislados para aceptar el acto sexual como un hermoso acontecimiento que no debe ser postergado, y mucho menos sacrificado.

¿QUE FACTORES MOTIVAN LAS EXCUSAS EN LA INTIMIDAD?

Es difícil separar todas las causas que originan ese doloroso vacío en el lecho conyugal. No obstante, la rutina, los resentimientos, y el complejo de los cambios físicos constituyen las raíces primordiales de todas las excusas que los cónyuges a veces se dan para evitar las relaciones sexuales espontáneas. Analicemos estos casos individualmente:

- Cuando la rutina apaga el deseo sexual. Por lo general esta situación ocurre en matrimonios en los que tanto la mujer como el hombre han desarrollado hábitos y se niegan a alterarlos para fortalecer sus relaciones sexuales. Un ejemplo muy elocuente de esta situación es el de la pareja que encuentra en la televisión un escape a todas las tensiones diarias; es lo único que prácticamente comparten juntos. Pero cuando llega la hora de dormir, se sienten cansados... ella más que él, en la inmensa mayoría de los casos. En situaciones de este tipo, si la pareja finalmente hace el amor, el acto sexual carece de espontaneidad.
- Nunca se ponen de acuerdo para encontrar el momento adecuado para hacer el amor; los resentimientos los separan. En efecto, el cónyuge que siempre tiene una excusa para negarse a las relaciones sexuales (o para posponerlas, una y otra vez), es aquél que lleva a la cama todos los problemas que atribuye a su pareja. Si son pobres, si tienen mala suerte, si no hay tiempo para ir al cine o no se comparten los quehaceres de la casa... quejas, quejas y más quejas. Este tipo de cónyuge,

sin embargo, se lo traga todo en silencio... pero su venganza es el conveniente e infaltable "dolor de cabeza" a la hora de las relaciones sexuales.

- Si el cónyuge se considera poco atractivo. Algunas personas asocian las relaciones sexuales con una ceremonia que requiere de preparativos muy especiales. Si estas condiciones no se cumplen, aunque deseen las relaciones sexuales profundamente, voltean su cuerpo para el otro lado de la cama... y fingen que duermen. Generalmente, también los cambios físicos se convierten muchas veces en excusas para evitar ese encuentro sexual que él desea. Si la mujer aumenta de peso o se siente que ya no es tan atractiva como antes, recurre a la apatía en la intimidad... una especie de medida protectora para evadir el rechazo que ella considera que podría merecer porque su imagen se ha deteriorado. En el caso del hombre se presentan situaciones muy similares, no nos engañemos. Si esto sucede con frecuencia, la excusa para evadir las relaciones sexuales puede llegar a convertirse en hábito.

¡ROMPA BARRERAS ABSURDAS, Y MANTENGA UNA VIDA SEXUAL MAS ACTIVA!

Hay formas efectivas de evitar que los complejos, la rutina, y el resentimiento se lleguen a interponer entre usted y su felicidad íntima...? Por supuesto. Con sólo saberlo es ya un paso importantísimo para colocarse a la defensiva y planificar nuevas estrategias para hacer el amor en una forma espontánea, sin contratiempos, sin excusas absurdas, y sin problemas. ¿Recomendaciones? Tome en cuenta las siguientes sugerencias:

- ¡Acérquese físicamente a su cónyuge! Exprésele su amor cuando se sienta inspirado, y no se reprima... aunque sólo se trate de una expresión de cariño que no tenga mayores implicaciones sexuales. Si no exterioriza ese amor que siente, el cónyuge acaba por convencerse de que "ya no ama como antes", y este concepto se reflejará —definitivamente— en su apetito sexual. Además, al expresar su amor, también estará generando más amor...

- No crea en el mito de que "la pasión se esfuma al cabo de los años de matrimonio" y que "la luna de miel se vive solamente una vez". ¡Falso! Las relaciones íntimas, desde luego, varían con el tiempo, pero no declinan en calidad (la intensidad muchas veces depende de las condiciones físicas de cada uno de los cónyuges). El elemento sorpresa y la novedad de los primeros tiempos de actividad sexual se sustituye por la depuración de otras técnicas, la confianza mutua, y el sentimiento de unidad... es lo natural. En un matrimonio armónico, la satisfacción física y emocional aumenta con los años; en ningún momento decae.

- No compare la frecuencia de sus relaciones íntimas con las de otras parejas. Hay cónyuges que creen que su apetito sexual ha disminuido porque constantemente se comparan con otras parejas y entonces comprueban que su vida sexual no es tan activa como se supone que sea (según lo que escuchan a su alrededor, que tal vez sean exageraciones y mentiras). Es importante considerar que cada ser humano tiene un ciclo normal con respecto al nivel de su deseo sexual... ¡no siempre estamos listos para el amor, como es lógico! Además, algunos matrimonios conservan la pasión por más tiempo que otros, y son muchos los factores que pueden influir en ello. Pero mientras que los dos cónyuges estén de acuerdo en el ritmo de sus relaciones sexuales, y en la calidad de las mismas, todo cae dentro de lo normal.

- ¡Huya de la rutina en el sexo! Haga de los momentos del amor una ocasión siempre especial. Redecore su dormitorio para que resulte más atractivo para ambos; cuide debidamente su cuerpo; preocúpese de su atractivo personal; varíe su ropa interior lo mismo que la ropa de calle... ¡Sea sensual... y cultive la sensualidad! Su actitud hacia todos los elementos que forman parte de las relaciones sexuales, además de ser un verdadero afrodisíaco (para ambos miembros de la pareja), le indicará a su cónyuge cuánto usted lo aprecia como compañero (o compañera) de intimidad.

- Establezca la prioridad en la intimidad. Si ha estado anteponiendo a las relaciones sexuales pretextos inconscientes (como pueden ser los hijos, el trabajo, y los compromisos con las amistades), cambie de actitud hoy mismo. Busque el tiempo necesario para estar a solas con su cónyuge, y para tener relaciones sexuales... aunque sea a las tres de la tarde, y uno de los cónyuges deba regresar a su trabajo o a recoger a los niños a la escuela. ¡La espontaneidad al hacer el amor es un afrodisíaco poderoso! ¡Téngalo presente en todo momento!

- Busque oportunidades frecuentes para estar a solas con su cónyuge. Cuente, por ejemplo, las horas que han cenado solos en un restaurante en los últimos meses, o que han pasado escuchando un disco especial... Considere que esos momentos de amor son tan importantes como las relaciones sexuales, porque propician la compenetración más profunda de la pareja. ¡Cultívelos! El amor tiene muchas facetas, y el romance puede estar implícito en una mirada prolongada, en el roce apenas perceptible de una mano, en una frase cariñosa...

- Acostúmbrese a expresarle amor a su cónyuge con un simple contacto físico. Bien puede ser un apretón de manos, o un beso inesperado en la mejilla. Expresar sentimientos de afecto por medio del tacto, es una práctica maravillosa que pavimenta el camino para expresarnos más espontáneamente en la intimidad. Reprimir el contacto físico (por cualquier motivo), sólo provoca más aislamiento... y la posibilidad de que el apetito sexual se vaya apagando progresivamente.

- ¡Jamás use las relaciones íntimas como arma de manipulación! No evada hacer el amor "para castigar". Sea honesto consigo mismo, y con su cónyuge. Tampoco "premie" recurriendo a un encuentro íntimo, en un momento determinado, si quiere conseguir algo especial. El amor sólo con amor se paga. Si "castiga" o "premia", el acto sexual está perdiendo toda espontaneidad.

- Tenga metas realistas con respecto a lo que deben ser las relaciones conyugales, y evite caer en papeles estereotipados. Si bien al hombre le es muy difícil convivir con una mujer que espera más de él de lo que humanamente puede dar, también para la mujer resulta traumatizante el tener que cumplir las expectaciones exageradas de un esposo poco realista, que espera que su mujer sea bella, capaz, incansable, dulce, supermadre, buena amante, y una triunfadora en el trabajo que realiza. En este sentido, la comunicación —franca, abierta, espontánea— es la vía adecuada para vivir las realidades.

- Para eliminar las excusas y evitar las relaciones sexuales, también comience a quererse a sí mismo. Luego pruebe a dar... ¡y comprobará cómo recibe caudales enormes de íntima satisfacción personal al amar!

¿QUE HACER PARA RECUPERAR LA ESPONTANEIDAD SEXUAL?

En primer lugar... ¿sabe usted, en realidad, qué es la espontaneidad sexual? No hace mucho, en una encuesta para comprobar el concepto que las mujeres y los hombres en general tienen de la espontaneidad sexual, pocos lograron dar una definición correcta de la misma. Para muchos, espontaneidad sexual es sinónimo de "apetito sexual" o de "deseos de hacer el amor". Otros la confundieron con "capacidad para amar", y finalmente otro grupo la definió como "la virilidad masculina" e, inclusive, como "capacidad de la mujer para llegar a su clímax sexual". Definitivamente, muchas personas no saben qué es la espontaneidad sexual.

Una definición sencilla:

- **Espontaneidad sexual es un impulso sexual natural del ser humano que se manifiesta de una manera genuina.**

Y si es tan fácil de explicar —se preguntará usted— entonces... ¿por qué tantos hombres y mujeres caen en el error de identificar "la pérdida de la espontaneidad sexual" con la "falta del interés sexual" o con el "desgano sexual"? Definitivamente, hay actitudes personales que reducen la espontaneidad sexual en las relaciones sexuales, y ambos cónyuges deben estar prevenidos ante ellas. He aquí algunas:

- El repertorio sexual restringido de la pareja siempre limita la espontaneidad sexual. El estar excesivamente absorto en una tarea específica (la crianza de un hijo, una carrera, el trabajo, por ejemplo) si va unido a ansiedades sexuales, puede provocar una rutina en la intimidad, y el aburrimiento en las relaciones sexuales. Es muy común que una madre ansiosa de cumplir sus responsabilidades se encuentre "demasiado ocupada" después del nacimiento de su primer hijo para tener relaciones sexuales espontáneas con el esposo. Al mismo tiempo, éste puede estar absorto en su profesión, o preocupado por el futuro económico de la nueva familia. Estas responsabilidades nuevas provocan un cambio en ellos: así, se pasa de una relación íntima entre "dos individuos únicos", a una relación entre "dos ejecutantes de distintas tareas". La tarea que cada uno de ellos se ha impuesto interfiere con la espontaneidad sexual de ambos para hacer el amor. Entonces, los dos interpretan el cambio que se ha producido en la unión conyugal como un distanciamiento o una pérdida del interés sexual... con todas las complicaciones que esto puede provocar en la pareja.
- Pero sucede que a veces la pareja no dispone de tiempo para sí; entonces pierde su privacidad y, con ella, el poder disfrutar de los momentos de amor espontáneos, que son los más intensos por ser precisamente impredecibles. Es el caso de mujeres de su hogar y de hombres muy absortos en sus trabajos que se quejan de no tener tiempo libre para ellos mismos. A consecuencia de la falta de tiempo que se requiere para propiciar el amor, la pareja se lamenta de haber perdido la espontaneidad sexual.

- Si los cónyuges están fatigados, ¿se puede concebir que exista espontaneidad sexual? No, por supuesto que no. La fatiga puede limitar la expresión sexual y llevar a la pérdida de la espontaneidad en el sexo. Los hijos (o un nuevo bebé, por ejemplo) pueden interferir con el descanso de los padres y frustrar sus facilidades para estar solos. Así, sin detectar por qué, se pierde la oportunidad de los encuentros sexuales por impulso, inesperados... los más genuinos y espontáneos. Debido a esta sistematización de horarios impuesta por las responsabilidades familiares, la actividad sexual se ve igualmente sistematizada y regulada... generalmente limitada a los fines de semana u ocasiones especiales. De esta manera se establece nuevamente la rutina, y se limita la creatividad sexual. Por supuesto, también el hecho de que uno de los cónyuges se quede sin trabajo, o los problemas económicos, o las enfermedades largas, pueden provocar la fatiga... la cual evidentemente, limita la espontaneidad sexual.

- Además, es preciso mencionar que hay cónyuges que tienen expectativas diferentes en lo que a las relaciones sexuales se refiere. A veces el hombre sólo está interesado en el sexo como en una forma de canalizar sus instintos más primitivos (el amor es un factor secundario para él en ese momento de voracidad sexual); en cambio, la mujer encuentra en el sexo una manera de sentirse amada y de establecer comunicación con el hombre que quiere... siempre. Estas diferentes motivaciones para hacer el amor a veces enfrían las relaciones sexuales de una pareja, y —con el tiempo— esa acumulación de experiencias negativas puede provocar la falta de espontaneidad sexual en la pareja y el distanciamiento progresivo.

ESTRATEGIAS PARA ALCANZAR UNA MAYOR ESPONTANEIDAD SEXUAL...

Hay una serie de recomendaciones que son muy útiles para recuperar la espontaneidad sexual perdida:

- Realizar en conjunto actividades específicas que permitan a la pareja lograr un grado mayor de intimidad y de comunicación, a diferentes niveles. El propósito de esta terapia es dar y recibir confianza en actividades ajenas al sexo... hasta que este elemento también pueda ser incluido en el tratamiento y los cónyuges puedan confiarse sus necesidades sexuales más íntimas y secretas.

- El desarrollo de la sensualidad por medio de actividades no relacionadas con el sexo. Por ejemplo, es recomendable que los cónyuges preparen juntos comidas sensuales, que tomen baños juntos, que duerman en una misma cama (bien arreglada, y quizás con sábanas especiales que estimulen la sensualidad)... La meta de estas actividades es proporcionar un intercambio genuino de emociones y sentimientos... aunque a primera vista el propósito parezca ser exclusivamente el de preparar una cena o dormir juntos en una cama agradable.

- La técnica de mantenerse juntos, en todo momento. El principio de esta terapia es que ambos cónyuges pasen el mayor tiempo que les sea posible juntos (tres o cuatro veces a la semana)... ya sea para leer, para cenar fuera, para caminar, o simplemente para conversar o tomar parte en un juego de mesa. Esta forma de mantenerse juntos, sin un propósito específico, les permite a ambos la oportunidad de interactuar espontáneamente, sin estar sujetos a un control impuesto por necesidades o responsabilidades.

- La técnica de aceptar que todos los seres humanos somos imperfectos, y que no siempre vamos a ser espontáneos en nuestras relaciones sexuales. A veces los cónyuges esperan demasiado de una relación, y exigen mucho de sí mismos y de los demás. Si las expectativas no pueden ser cumplidas, entonces surge la frustración. Además, hay que considerar que cuando nos esforzamos a dar el máximo (porque nuestro cónyuge espera eso, y no se conforma con nada menos), va desapareciendo progresivamente todo vestigio de espontaneidad sexual. Es decir, nos forzamos a ser espontáneos... y, evidentemente, esto no puede lograrse. Por el contrario, si los cónyuges aceptan que son capaces de cometer errores, porque son imperfectos, y que en determinados momentos no van a ser automáticamente espontáneos (porque no son robots, desde luego), la tensión de la expectativa desaparece... ¡y entonces se logra la verdadera espontaneidad sexual!

RECOMENDACION FINAL

Al tratarse todos los problemas que ocasiona la falta de espontaneidad sexual deben estar involucrados ambos cónyuges, aunque uno de ellos describa sus síntomas como muy personales y considere que no tienen nada que ver con los del otro. La realidad es que ambos forman una pareja, son parte de una relación, y el problema les concierne a ambos. Es más, cualquier tratamiento aislado para cada cónyuge contribuiría a deteriorar aún más una relación ya frágil de por sí, y a crear nuevos **conflictos conyugales**.

CAPITULO 11

ENVIDIA CONYUGAL:
PUEDE DESTRUIR EL MATRIMONIO...
¡Y SIN SINTOMAS!

Hay **conflictos conyugales** cuyos verdaderos motivos no siempre pueden ser identificados. A veces, una situación de celos injustificados puede ser causada por el resentimiento de uno de los miembros de la pareja ante el éxito profesional del otro. Se trata de la **ENVIDIA CONYUGAL**, un elemento que pocos cónyuges admiten que son capaces de sentir. ¿La realidad? Esa emoción negativa está minando la felicidad de la pareja... y los síntomas son imperceptibles.

Cuando se discuten los problemas más comunes del matrimonio, ciertos términos (como celos, insatisfacción, y egoísmo) surgen inmediatamente. Curiosamente, casi nunca se hace ni la más breve mención a la envidia conyugal. En una época en que la Sicología escrutiniza minuciosamente cada aspecto que genera conflictos entre los miembros de la pareja, es de extrañar que esta emoción humana —tan importante y frecuente— sea completamente subestimada. ¿Por qué...?

La respuesta —en parte— es una cuestión de conceptos. Envidia es una palabra que tiene un significado muy fuerte para la mayoría de las personas; al instante, quien la escucha la vincula a sentimientos como vileza y maldad. Por ello es que muchas veces nos sentimos más cómodos al recurrir a otros términos menos precisos (como cólera, competencia, y resentimiento), los cuales también están asociados con la envidia, pero que no resultan tan intensos. Sin embargo, analizar clara y categóricamente el papel que desempeña la envidia conyugal en el matrimonio, y el efecto destructor que puede provocar en las relaciones de la pareja, es una necesidad imperiosa cuando se está tratando de salvar o proteger una relación conyugal que se halla en crisis. Estos sentimientos deben ser llamados por su verdadero nombre, y no hay duda de que pueden ser fácilmente reconocidos una vez que se dirige la atención hacia ellos. Aunque los sentimientos intensos no siempre son fáciles de controlar, las posibilidades de hacerlo son significativamente mejores una vez que el individuo los identifica y los pone en perspectiva.

¿QUE ES LA ENVIDIA CONYUGAL?

La envidia conyugal es una sensación de descontento general, de resentimiento o celo sobre las ventajas, éxitos, o avances que realmente ha alcanzado (o sólo imaginamos que ha alcanzado) el otro miembro de la pareja. Paradójicamente, en el pasado —cuando los papeles de esposo y esposa estaban firmemente establecidos y eran absolutamente rígidos— la envidia con-yugal no resultaba tan evidente. Por ejemplo:

- Aunque en el siglo XIX los hombres podrían haber parecido irritables y disgustados cuando hablaban de sus mujeres dedicadas a beber té y gastar pródigamente para mantenerse a la moda, nunca expresaron su deseo de cambiar su lugar por el de sus esposas.
- De forma similar, las mujeres generalmente no querían unirse a sus maridos en el club, en la caza, o en sus transacciones en la bolsa de valores.

Es decir, los antagonismos entre marido y mujer existían, pero había menos situaciones de envidia conyugal y ésta se encontraba profundamente sepultada.

En la sociedad actual, en cambio, los dos miembros de la pareja son cada vez más iguales; la diferencia entre las posibilidades de los sexos cada día es menor. Es decir, las ventajas obtenidas por uno de los miembros de la pareja (cualquiera que sea su sexo) son también posibles para el otro. Por ejemplo:

- El dinero que el hombre tradicionalmente ha ganado (en su capacidad de proveedor de la familia), hoy también puede ser obtenido por la mujer.
- Asimismo, las tareas domésticas con las que la mujer legendariamente ha cumplido, también pueden ser realizadas por el hombre.

Hoy, cada miembro de la pareja tiene la oportunidad de alcanzar las ventajas y sufrir las desventajas experimentadas por el otro. La mujer puede disfrutar de su sexualidad sin inhibiciones de ningún tipo, y el hombre también puede dedicar más tiempo a sus hijos, participando de una forma más activa en su educación y formación emocional. El antagonismo central de hoy puede resumirse en preguntas como:

- ¿Están aportando ambos miembros de la pareja la misma contribución al matrimonio?
- ¿Está uno de los dos aportando más de sí a la relación...?
- ¿Tienen los dos miembros de la pareja las mismas posibilidades de éxito y expansión?

Consideremos que el matrimonio es construido sobre la base del ajuste de los temperamentos, necesidades, y ambiciones de dos personas, sobre la necesidad de conceder algunos derechos individuales para el bien del equipo (es decir, la relación conyugal). Las aspiraciones —tanto del hombre como de la mujer, especialmente cuando se hallan en conflicto— deben ser priorizadas y satisfechas. Si uno de los miembros de la pareja tiene todas o la mayoría de las obligaciones sin recibir la recompensa adecuada (es decir, la que espera), a medida que él perciba los avances y las ventajas crecientes de su cónyuge, la envidia conyugal surgirá, crecerá (a veces a proporciones alarmantes)... ¡y el matrimonio se hallará en crisis, en peligro de tener que ser disuelto!

¿QUIEN ENVIDIA A QUIEN...?

Siempre se ha insistido que la mujer por lo general se siente más cómoda con sus emociones que el hombre; esto es también cierto con respecto a la envidia conyugal:

- Si usted le preguntara a un hombre si él envidia a su mujer, lo más probable es que le responda defensivamente... negando la posibilidad, desde luego. La respuesta puede ser una negación absoluta, o incluso un chiste, pero es poco probable que esté basada en un análisis interno honesto.
- En cambio, a diferencia de los hombres que están menos alertas a sus sentimientos de envidia hacia sus esposas, y que cuando llegan a reconocerlos se sienten realmente incómodos con ellos, casi todas las mujeres sí son conscientes de sus deseos de ser iguales a sus esposos.

Las mujeres de hoy en día quieren disfrutar del sexo tanto como ellos, tener las mismas oportunidades de trabajo, los mismos poderes de decisión, y los mismos derechos políticos y sociales.

Pero independientemente de esta diferencia genérica de la envidia conyugal, todas las personas casadas —sean hombres o mujeres— experimentan ocasionalmente el sentimiento de que están dando más de lo que reciben en el matrimonio. Esta sensación puede variar tanto en frecuencia como en intensidad, oscilando entre creer que sus derechos como ser humano están siendo violados, a estallidos de violencia debido al descontento en la relación conyugal.

Como sucede con la mayoría de las emociones, la causa de la envidia conyugal es determinada por múltiples factores, y sólo una parte de ella se origina en respuesta directa al comportamiento de la pareja:

- Algunos individuos pueden desarrollar la tendencia a verse a sí mismos como verdaderos mártires del trabajo y sienten que sus parejas se aprovechan de ellos (en una forma u otra);
- otros pudieran sentir que trabajan tanto en la oficina que es responsabilidad de su pareja asumir el cuidado total de ellos una vez que regresan cansados a la casa.

De vez en cuando, casi todos sentimos que para nuestras parejas la vida es más fácil... y es a partir de esta creencia que la envidia conyugal comienza a germinar.

Pero, ¿por qué se le debe prestar tanta atención a este tipo de insatisfacción dentro de la relación conyugal si está comprobado que es parte de la condición humana...? La respuesta es muy sencilla: por su poder destructivo. Las ramificaciones de la envidia normal pueden afectar a un matrimonio a causa del resentimiento que ésta puede provocar. Si algún miembro de la pareja en verdad tiene muchos más privilegios que el otro, entonces el balance debe ser reajustado con el objetivo de evitar **conflictos conyugales**. El sentimiento de que el esposo o esposa tiene "una vida fácil", mientras el otro "sufre", es la base de graves **conflictos conyugales**... los cuales pueden ser evitados, básicamente, con una actitud más objetiva hacia la relación conyugal en general, y hacia las situaciones que presenta la vida.

LOS EFECTOS DE LA ENVIDIA EN EL MATRIMONIO

Dado que la envidia en general es percibida como algo desagradable y un sentimiento del cual las personas por lo general se sienten avergonzadas, ésta es usualmente escondida o reprimida, tan efectivamente que la persona que alberga esos sentimientos ni siquiera es consciente de ellos. Sin embargo, la envidia conyugal puede emerger en los momentos más inesperados en forma de comentarios hirientes o brotes de cólera ocasional, cuya causa permanece oscura para ambos miembros de la pareja.

Una persona que siente envidia por su propio cónyuge se siente privada, desposeída, convencida de que su pareja tiene una ventaja significativa sobre ella. Y, aunque repetidamente se insiste en que existe una gran diferencia entre sentir y actuar, todas las emociones activan un comportamiento... a menos que éste sea reprimido (de manera consciente o inconsciente).

- El temor, por ejemplo, provoca la urgencia de luchar o escapar; sin embargo, la persona que lo experimenta puede elegir no hacer ninguna de las dos cosas.
- La envidia también está asociada con una serie de acciones complejas, incluyendo la cólera, la cual induce a la hostilidad y a la separación.

La envidia conyugal cambia por completo el concepto de lo que debe ser el matrimonio, ya que transforma la cooperación de los miembros de la pareja en competencia; asimismo, la comunicación (un elemento que resulta fundamental para alcanzar la estabilidad y la felicidad conyugales) se transforma en aislamiento emocional (los miembros de la pareja comienzan a caminar por senderos distintos, opuestos).

La envidia conyugal puede ser:

- Transitoria. Por ejemplo, cuando uno de los cónyuges obtiene un bono en reconocimiento al esfuerzo realizado en el trabajo, o recibe un honor por sus logros profesionales.
- Pero también puede ser de larga duración. La duración de la envidia conyugal dependerá, básicamente, de si la causa que la ha provocado continúa presente o no.

La intensidad de estos sentimientos negativos es un producto de la historia individual de cada miembro de la pareja y de cómo habitualmente se enfrentan a sus emociones.

¿QUE ORIGINA LA ENVIDIA CONYUGAL?

Son muchos los factores que pueden activar la envidia conyugal; entre ellos:

- Las desigualdades reales en el balance entre trabajo y recreación. En la actualidad muchas personas perciben el concepto de "disfrutar de la vida" como un balance entre trabajo y esparcimiento. Por lo tanto, cuando un miembro de la pareja tiene toda la responsabilidad del trabajo, mientras que el otro disfruta de todo el esparcimiento, la situación resultará especialmente propicia para que surja la envidia conyugal. Mientras más un hombre o una mujer se concentren en alcanzar el éxito en su trabajo, más envidiarán los ratos de esparcimiento de su cónyuge. El que más trabaja verá al otro cónyuge como improductivo y vago; por su parte, el que más se recrea verá al otro como poderoso y competitivo... y lo envidiará igualmente.

- Las necesidades y deseos individuales insatisfechos. Aunque él pudiera no ser consciente de ello, la furia de un hombre por las horas que su esposa pasa en el teléfono o en el gimnasio, pudiera originarse a partir de su propia falta de amigos o de tiempo libre. ¡Una situación típica de envidia conyugal!

- El egoísmo. El egoísmo pudiera también desempeñar un papel importante en la manifestación de la envidia conyugal. Mientras más egoístamente una persona busque su gloria o bienestar personal, menos capaz será de preocuparse y cuidar a su pareja, y menos capaz será también de sentir y dar amor. Mientras más uno de los dos miembros de la pareja sienta la necesidad de ser amado, mayores posibilidades habrá para que la envidia conyugal germine.

- La prohibición de placeres externos. La incapacidad de permitir a un miembro de la pareja disfrutar de placeres externos (como las reuniones ocasionales con amigos, la práctica de algún deporte o entretenimiento especial), también puede resultar en una envidia posesiva, la cual puede ser mucho más dañina y destructiva para la unión conyugal que el celo sexual.

- Las fantasías o percepciones inadecuadas. La fantasía y las percepciones equivocadas desempeñan un papel esencial en la manifestación de la envidia conyugal. Por ejemplo, con frecuencia un miembro de la pareja llega a creer falsamente que su cónyuge tiene más tiempo libre del que realmente dispone, o que es más exitoso de lo que realmente es. El miembro de la pareja más poderoso es generalmente el envidiado, pero también se siente envidia de algún aspecto del miembro que aparentemente es inferior. Por lo general los hombres tienen más poder (lo que provoca envidia en las mujeres), mientras que las mujeres son superiores en relaciones personales, un factor que activa la envidia conyugal en los hombres.

- La envidia hacia otras parejas y personas. Las ventajas o beneficios que disfrutan otras personas (o parejas) también pueden generar una profunda envidia conyugal. Consideremos el caso de Juan F. y Susana, como ejemplo. Juan ha estado casado por veinte años con Susana, una mujer seria y tan conservadora como él. Su esposa y él crecieron juntos y se comprometieron mientras estudiaban en la escuela secundaria. Ambos provenían de familias similares y sus valores se complementaban. Independientemente de esos factores a su favor, actualmente su matrimonio presenta serios problemas, y ambos están considerando divorciarse... a pesar de sus cuatro hijos. Una razón principal es la envidia: Juan envidia la vida sexual de los hombres a su alrededor. Algunos de sus celos se han originado al escuchar las historias y alardes de los hombres divorciados y solteros con los que él trabaja. Por su parte, su esposa también envidia a su madre, porque su padre no fue nada demandante en el aspecto sexual y hasta fue un mejor proveedor que su esposo, a quien ella considera que está obsesionado con el sexo. Ella también se siente envidiosa de algunas de sus amigas que disfrutan de más ratos de esparcimiento, un mejor nivel de vida, y esposos más devotos... mientras que ella sigue vinculada a "un hombre con limitaciones", como lo describe.

Es importante mencionar que el descontento con la pareja puede crecer a medida que se profundiza la convicción de que otras personas se encuentran en una mejor posición que nosotros. Desde luego, identificar la causa de la envidia conyugal puede ser difícil, ya que ésta puede estar basada tanto en percepciones reales como irreales. En el caso de Juan, por ejemplo, ninguna mujer podría llegar a ser la máquina sexual que él desea. Su vida fantasiosa ha sido moldeada no sólo por los alardes de la imaginación de sus amigos, sino también por historias de revistas y películas. El se ha vuelto obsesivo con la actividad sexual que considera que ha estado perdiendo. Y cuando las personas se convencen de que su vida matrimonial es de calidad inferior e irrecuperable, es muy posible que la insatisfacción con su pareja se vuelva permanente. ¡La envidia conyugal es —siempre— el origen de serios **conflictos conyugales**!

¿EXISTE UN TRATAMIENTO EFECTIVO PARA MITIGAR LA ENVIDIA CONYUGAL?

Las posibilidades de que la envidia conyugal surja entre los miembros de la pareja es muy grande... y si germina, puede llegar a destruir en poco tiempo al matrimonio más estable. Sin embargo, si aceptamos la envidia —en términos generales— como un problema humano, ésta puede llegar a ser neutralizada. A pesar de su capacidad destructiva, la envidia conyugal puede ser tratada siguiendo tres estrategias básicas:

- **RECONOCIMIENTO.** Los dos miembros de la pareja deben poner de su parte para lograr que la envidia que ha permanecido oculta y reprimida sea reconocida claramente como lo que realmente es; de esta manera, los factores que generan esa envidia conyugal pueden ser controlados. Las ventajas imaginadas o no existentes deben ser corregidas en la mente del miembro de la pareja donde la envidia conyugal comienza a hacer sus estragos. La mujer quizás deba tomar consciencia de que el trabajo de su esposo no es fácil, y él probablemente debe entender que ella también realiza un esfuerzo grande en las ocupaciones a las que está dedicada. Cuando un miembro de la pareja comprueba que el otro tiene menos privilegios de los que él imagina, la cólera disminuye inmediatamente; es decir, la envidia conyugal cede. Por otra parte, cualquier desequilibrio real entre las ventajas y desventajas de cada cónyuge deben ser corregidos con el objetivo de disminuir el descontento.

- **LA PROYECCION CONYUGAL.** En la sutil interacción de un matrimonio, un miembro de la pareja suele atribuirle al otro el aspecto prohibido o deseado por él, y entonces siente cólera o envidia a causa de ello. Por ejemplo: por haber pasado por alto sus propias necesidades de esparcimiento debido al exceso de trabajo, el esposo puede descargar su deseo de relajación insatisfecha en su mujer. Al ser incapaz de satisfacer sus propias necesidades, pudiera mirar a su mujer con ira, especialmente si ella disfruta de una vida social activa. Ella, por su parte, pudiera desplazar sobre él su necesidad de tener alguien que la proteja, lo cual la hará sentirse más indefensa y verlo a él como más fuerte... y este desequilibrio también genera la envidia conyugal. ¿Qué hacer ante una situación de este tipo? Dos métodos terapéuticos son usados para interrumpir este círculo: el análisis interior y la sugestión. De esta manera, además de hacer que la pareja reconozca este patrón, ambos miembros deben comprometerse a modificar su comportamiento. El esposo, por ejemplo, debe buscar más tiempo libre para estar con sus amigos; la esposa debe volverse más autosuficiente.

- **ANALIZAR LOS DAÑOS QUE LA ENVIDIA CONYUGAL YA PUEDA HABER OCASIONADO.** La envidia severa y crónica puede llevar a una pareja feliz al divorcio... o prolongar una relación conyugal enfermiza, donde las crisis se presentan a diario. Si un cónyuge es muy exitoso en su carrera profesional, hereda una fortuna, o se retira, entonces si el otro no puede o no quiere ajustarse, la envidia conyugal que es generada por esta situación puede llegar a romper el vínculo que una vez los unió. En cambio, si la envidia conyugal es debida al estrés transitorio (especialmente si hay una actitud positiva y la disposición debida por parte de ambos miembros de la pareja), entonces el pronóstico para que el matrimonio sobreviva es mucho más favorable. Por supuesto, si se trata de una situación muy compleja de envidia conyugal, no hay duda de que la intervención de un sicólogo o consejero conyugal pudiera ser necesaria para determinar si la crisis planteada por la envidia conyugal puede o no llegar a ser solucionada.

CAPITULO 12

VIOLENCIA CONYUGAL:
¡LA INTIMIDAD A GOLPES!

Son cientos de miles los casos de mujeres que sufren en silencio la violencia de sus cónyuges durante las relaciones íntimas. Muchas callan por temor, o por amor a ese hombre que las agrede... Otras se rebelan y llegan al extremo del crimen. En todo caso, se trata de una situación terriblemente difícil, en el que la mujer está compartiendo su vida con un verdadero enemigo.

La violencia conyugal está actualmente de moda, y en todos los estratos sociales. De acuerdo con las diferentes asociaciones de protección a la mujer que funcionan hoy en diferentes países, así como a las estadísticas médicas y siquiátricas, cada día es mayor el número de mujeres que finalmente deciden buscar orientación profesional y recurrir a las autoridades, así como a los centros especiales de tratamiento y de orientación femenina, para revelar su gran secreto: ¡son víctimas del abuso físico por parte de sus cónyuges en la intimidad!

Pero... ¿por qué estas mujeres no se han rebelado antes ante una situación que resulta humillante para ellas, además de que afecta profundamente su seguridad física y emocional...?

- Curiosamente, para una gran mayoría de estas mujeres que viven sometidas al abuso sexual, resulta terriblemente difícil vencer el terror que sienten con respecto a la posible represalia que sus hombres puedan tomar al ser expuestos públicamente. Debido a ello callan y sufren en silencio una situación de violencia que se va deteriorando por día... esperando por "un milagro" que, desde luego, nunca llegará a producirse.

- Para otras (las que finalmente deciden obtener ayuda en momentos críticos), romper con esa situación de abuso íntimo es prácticamente imposible. Por paradójico que resulte, algunas aman genuinamente a sus cónyuges y buscan todo tipo de disculpas para justificar la situación de violencia conyugal que ellos protagonizan (a veces como preámbulo amoroso, en relaciones ya de marcados visos enfermizos). Ante la menor señal de arrepentimiento por parte del hombre, ceden ante sus presiones y se reconcilian... aunque sólo por un tiempo muy breve. Una vez que la violencia se convierte en un elemento afrodisíaco para un hombre, difícilmente pueda reprimir su agresividad en la intimidad por sí mismo. En estos casos, la violencia conyugal llega a convertirse en un círculo vicioso del que ninguno de los dos cónyuges (ni el agredido, ni el agresor) logran escapar. De nuevo es preciso recurrir a las estadísticas para comprobar lo inútil que estas reconciliaciones pueden ser: según las estadísticas, 4 de cada 5 casos de abusadores sexuales son reincidentes; en ocasiones, la violencia conyugal llega a los extremos del crimen después de la primera reconciliación.

- Y, por supuesto, hay que tomar en consideración el caso de las mujeres víctimas de la violencia conyugal que llegan a tomar decisiones drásticas; es decir, ponen fin a la violencia de sus hombres con su propia violencia, recurriendo al crimen. Son miles las mujeres que se hallan en este grupo, y muchas de ellas cumplen actualmente largas condenas debido a que no supieron cómo enfrentarse a una situación en extremo difícil. Para estas mujeres, difícilmente hay compasión por parte de los tribunales. Y para muchos que no están familiarizados con los factores ocultos que causan la violencia conyugal, la incomprensión hacia ellas es total.

UN CASO DE LA VIDA REAL:
¿SE PUEDE JUSTIFICAR LO INJUSTIFICABLE?

Analicemos primeramente el caso de María S., una mujer de 25 años, muy atractiva, quien en un momento de crisis decidió romper el secreto de su infeliz matrimonio: ¡su esposo abusaba físicamente de ella! Aconsejada por su madre —quien era su única confidente con respecto a la situación terrible que esta joven vivió día a día, por largos años— finalmente buscó la ayuda de un profesional. Apenas fue entrevistada por el sicólogo, éste comprobó que se trataba de una mujer profundamente traumatizada... hasta rehuía encontrar su vista con la suya, como si de esa manera él fuera capaz de extraer de ella la historia que finalmente le expuso confusamente.

No sabía cómo comenzar a explicarle el motivo que la había llevado a verlo, pero le lanzaba pequeñas pistas para que el sicólogo la orientara en su terrible confesión. En frases entrecortadas, mencionaba "la tensión enorme a la que estoy sometida", hablaba nerviosamente, y con frecuencia se refería al hecho de que "mi esposo tiene un temperamento muy violento, y jamás me perdonaría que busque orientación con usted". Finalmente hizo una catarsis, rompió a llorar y le mostró al profesional varias contusiones que tenía por todo el cuerpo, inclusive en la cara, donde las había logrado ocultar debajo de varias capas de maquillaje descuidado. Por supuesto, María era una víctima más de la violencia conyugal. Su esposo abusaba físicamente de ella en la intimidad, la acusaba de actos de infidelidad que ella jamás había cometido, y después le hacía el amor con una pasión enfermiza... dejándola adolorida y en el mayor desconcierto.

A pesar de que María sinceramente estaba solicitando ayuda, a cada frase que el sicólogo emitía para censurar el comportamiento de su esposo ella encontraba una justificación para él. En un momento dado llegó a confesarle que su esposo experimentaba "una gran dificultad para alcanzar la erección durante el acto sexual", y a veces ni siquiera lograba sostenerla mientras hacían el amor. "Sólo cuando me acusa de serle infiel, se convierte en una especie de monstruo... Prácticamente me viola... Sólo así es que logra la erección... sólo así logra consumar el acto sexual. En esos momentos de locura se avalanza contra mí... no sobre mí... me golpea a diestra y siniestra, y finalmente rompe a llorar... después que alcanza su clímax... para pedirme perdón por el daño que me pueda haber ocasionado. A veces me vuelve a hacer el amor con toda la ternura del mundo, y entonces es que yo puedo alcanzar mi clímax sexual con él... a pesar de que su erección es ya deficiente. Por ello es que no me he separado de él, porque no sólo le amo, sino que considero que es un hombre bueno en el fondo... También debo considerar que es el padre de mis dos hijos... El necesita ayuda... ¿cómo se la puedo ofrecer?".

En el caso de María S., estas golpizas en la intimidad se han estado repitiendo constantemente, prácticamente desde su segundo año de matrimonio (llevan cuatro años de casados). Es fácil comprobar que ella a veces llega a aceptar la situación, "porque soy consciente de que la violencia es el único estímulo sexual que realmente funciona para mi esposo". Sería fácil pensar que el esposo de esta joven es un enfermo mental que debe estar recluido. Pero es importante mencionar, también, que se trata de un hombre de éxito, ejecutivo de una importante firma de bienes raíces, con educación universitaria, y el reconocimiento de la comunidad, en la que se mantiene muy activo desarrollando y dirigiendo actividades deportivas para los niños.

Quien lo conoce personalmente, jamás podría imaginar que este hombre mesurado en su trato, que a veces pudiera ser calificado hasta de tímido, es un verdadero animal una vez que se encierra a solas con su esposa en una habitación... No concibe hacerle el amor sin antes humillarla, maltratarla físicamente, y llevarla al plano de la aniquilación sicológica total... una situación que culmina entonces con su efímera violación sexual. Si no logra alcanzar su clímax sexual, la violencia física se vuelve aún más intensa. Y fue precisamente después de uno de estos episodios (cuando él le gritó amenazante a su esposa que iba a matarla porque estaba convencido de que le era infiel con otro hombre... un desconocido que no fue capaz de identificar) que María decidió buscar orientación profesional.

Desde luego, el caso de esta joven destruida física y emocionalmente no es único. Sólo que ella decidió exponer abiertamente su situación al temer por su vida. Pero son miles las mujeres que sufren en silencio los maltratos físicos de sus cónyuges durante un preámbulo sexual en que las caricias se transforman en verdaderos actos de violencia. Para este tipo de hombre, el amor no constituye un estímulo suficiente para despertar su apetito sexual; la violencia, en cambio, es un afrodisíaco poderoso. A veces la violencia conyugal llega a ser tan extrema que muchas víctimas han muerto a consecuencia de las palizas que han recibido en un momento fuera de todo control. Algunos de estos casos han sido divulgados ampliamente en la prensa; en otros, ha habido una especie de complicidad de todas las partes involucradas para justificar lo que en verdad es injustificable.

EL CASO DE BETTINA M...
¡CUANDO LA MUJER SE REBELA CONTRA LA VIOLENCIA DEL HOMBRE!

También el caso de **Bettina M.** es característico de cómo la violencia conyugal puede afectar la vida y las emociones de una mujer joven e inexperta en las cuestiones sexuales. Se casó virgen, hace tres años, con un hombre que era quince años mayor que ella... a pesar de la oposición de su familia, la cual consideraba que el hombre que Bettina amaba no reunía las condiciones que habrían querido para ella: había sido casado previamente y aún tenía cuestiones legales pendientes con su primera esposa; no era estable en su profesión (ingeniero), y con frecuencia pasaba largos meses sin trabajar; tenía un hijo de ese primer matrimonio, de 7 años, el cual era evidente que lo odiaba violentamente... ¡Todas ésas eran señales a las que la infortunada Bettina debió haber prestado atención... pero su amor era más fuerte que todos los argumentos que se esgrimieron en contra de la boda!

Fue precisamente durante la luna de miel que Bettina sintió los primeros efectos de una violencia conyugal que no comprendía... Mientras hacían el amor, él no era capaz de lograr la erección, aunque sí resultaba muy eficiente estimulándola, al punto de que ella llegó a alcanzar su clímax sin siquiera consumar el acto sexual... Y fue precisamente en ese momento culminante cuando él se abalanzó sobre ella, insultándola con las palabras más soeces, y eyaculando en cuestión de segundos.

A partir de ese episodio, otros muy similares se repitieron, sólo que ya no eran únicamente insultos los que lo estimulaban sexualmente a él, sino los golpes que propinaba a su desconcertada mujer... Esta aceptaba pasivamente aquella situación, tratando de encontrar una solución al callejón sin salida en el que se encontraba atrapada.

Si conversaba sobre el tema, él esgrimía infinidad de razonamientos para de alguna manera justificar su comportamiento, e invariablemente pedía excusas, prometiendo que no volvería a suceder... Finalmente, en uno de estos encuentros de sexo violento, Bettina se rebeló contra el abuso físico y emocional al que ya era habitualmente sometida por su esposo, y lo hirió en la cabeza con un objeto duro que encontró a mano... Mientras él se recuperaba del golpe recibido, ella corrió a buscar ayuda... La Policía ni siquiera quiso levantar acta de la situación, calificándola sencillamente de "rencillas conyugales". No obstante, la joven se refugió ese mismo día en la casa de un matrimonio amigo, y una semana más tarde le estaba planteando el divorcio al hombre que una vez había amado con gran intensidad.

Desde luego, esta joven está bajo tratamiento sicológico desde hace poco menos de un año, porque los traumas que aún sufre son grandes con respecto a su sexualidad. En parte considera que quizás fuera ella la que provocara esa reacción tan violenta en su ex marido, y con frecuencia menciona que la sexualidad exacerbada que mostró durante sus primeros encuentros íntimos tal vez lo hubieran llevado a pensar que se trataba de "una prostituta"... la frase que él le repetía entre las muchas ofensas verbales que le propinaba.

Progresivamente, con el tratamiento siquiátrico adecuado, esta joven llegará a comprender que fue ella la víctima de un hombre que —por distintos factores— no es capaz de concebir el sexo de una manera normal, sino que tiene que recurrir a la violencia buscando en ella un estímulo enfermizo para lograr un nivel de excitación que en definitiva es pobre, y muy breve.

Pero... ¿se ha preguntado usted alguna vez qué factores son los que pueden llevar a un hombre que es normal en muchos otros sentidos a abusar severamente de la mujer que supuestamente ama, y a la cual solamente es capaz de hacerle el amor una vez que compruebe que ha destruido su dignidad por medio de la violencia y el terror...? En este capítulo sobre un tema tan actual vamos a analizar el problema del maltrato (físico y emocional) que sufren calladamente tantas mujeres a manos de sus cónyuges.

ENTRE MARIDO Y MUJER...
¿QUIEN SE DEBE METER?

De acuerdo a los sicólogos y a los orientadores matrimoniales que se enfrentan a diario con situaciones de este tipo, el número de casos de violencia conyugal es verdaderamente alarmante. Y, en efecto, sólo hay que leer la prensa internacional para comprobar que la violencia conyugal está haciendo estragos grandes en muchos países, donde el abuso físico y sexual de las mujeres por parte de sus esposos (o de los hombres que viven con ellas, en condición de amantes) es constante. La situación ha llegado a extremos tales que la violencia conyugal se ha convertido en una causa criminal, procediéndose al arresto, enjuiciamiento, y reclusión bajo sentencia de hombres que no son capaces de controlar sus emociones y que descargan todas sus frustraciones personales en la intimidad sexual.

Curiosamente, estos casos de violencia conyugal abundan en todas las esferas sociales, y afecta a mujeres como María S. y Bettina M., quienes jamás imaginaron que podrían verse involucradas en situaciones de esta naturaleza. Sin embargo, no siempre es fácil detectar los casos de violencia sexual, ya que algunos de los especialistas que tratan estas delicadas situaciones conyugales prefieren no inmiscuirse de lleno en lo que consideran que son —en definitiva— **"problemas conyugales"**.

Por supuesto, ésta es una actitud errónea, la cual está basada en el concepto obsoleto de que cuando una pareja tiene un conflicto, lo aconsejable es "limar las asperezas", buscar una reconciliación, y tratar de resolver la crisis creada todo con amor... muchas veces haciendo el amor. ¡Como si las relaciones conyugales fueran tan simples como todo eso...! Hoy, afortunadamente, en numerosos países los siquiatras, los sicólogos, los trabajadores sociales, y los grupos que propugnan la igualdad entre los sexos, han alzado su voz para llamar la atención sobre esta conducta patológica que exhiben algunos hombres en la intimidad. Así, hay actualmente sistemas judiciales que alientan a las autoridades locales a arrestar a estos cónyuges violentos y abusadores, a mantenerlos detenidos en centros especiales (donde a veces llegan a ser rehabilitados... un mínimo de ellos, según las estadísticas compiladas al respecto), y a desarrollar programas de orientación sicológica para ayudar a esas víctimas de la violencia conyugal a comenzar de nuevo sus vidas... o, al menos, a ofrecerles la orientación en la dirección debida para que alivien su tragedia en la mejor forma posible.

LA VIOLENCIA SEXUAL TIENE TRES CARAS...

De acuerdo a los estudios que los especialistas han realizado con respecto a la violencia conyugal, la mayoría de las relaciones conyugales que terminan con actos de violencia se caracterizan por tres etapas:

- **EN LA PRIMERA ETAPA, ¡SURGEN LAS TENSIONES!** Es decir, éste es un período en el que se suscitan escenas de disgustos, se producen escándalos y peleas entre las parejas, sin llegar aún a situaciones de violencia. Sí se manifiestan, no obstante, situaciones de amenazas y descontrol emocional absoluto. En esta etapa se crea un clima en el que la violencia conyugal puede estallar en cualquier momento. Por lo general el hombre explora (consciente o inconscientemente) cuáles son los límites de tolerancia en su cónyuge para poder llegar a mostrar toda su violencia sexual.
- **LA SEGUNDA ETAPA: ¡SE INICIAN LAS GOLPIZAS Y EL ABUSO!** Durante la primera fase, la mujer siempre termina calmando al hombre, cediendo ante sus demandas, y tratando de conciliar las tensiones. Pero, al repetirse el problema, llega a esta segunda etapa en la que ya se produce la violencia conyugal abiertamente, y el hombre llega a golpear a la mujer por cualquier motivo. A veces lo hace bajo el efecto del alcohol (el cual utiliza para justificarse a sí mismo); en otros casos, después de una escena de violencia conyugal que puede surgir con cualquier pretexto (en el caso de María S. por ejemplo, recurriendo a falsas acusaciones sobre "actos de infidelidad").
- **LA TERCERA ETAPA: EL ARREPENTIMIENTO, EL AMOR, Y LA RELACION SEXUAL...** El desenlace de toda esta situación de conflicto toma lugar en esta tercera etapa: el hombre, después de abusar físicamente de la mujer, le promete sinceramente que no volverá a hacerlo y le pide perdón, tratando de llegar a esa reconciliación

que es el paso preliminar para consumar un acto sexual enfermizo...
¡su meta desde la primera fase! ¿Qué hace la mujer en esta fase que
resulta desconcertante para ella...? Como ama al hombre que abusa
físicamente de ella, trata de disculpar la violencia de la que ha sido
víctima y hace todo lo posible por tratar de "salvar la relación" (a su
manera, desde luego). Se entrega pasivamente a él para que satisfaga
su apetito sexual, y es posible que hasta ella misma llegue a disfrutar
de esas condiciones de aniquilación espiritual a la que ha sido sometida. Desde luego, la violencia física también puede sobrevenir en
cualquier momento después del orgasmo. En ocasiones, las agresiones
cada vez van cobrando más fuerza, hasta que la víctima tiene que ser
hospitalizada. Es decir, el ciclo de la violencia en la intimidad se
repite inexorablemente: golpizas, violencia, arrepentimiento, más golpizas y violencia, excusas, violencia...

Las estadísticas que se llevan sobre los casos de violencia sexual muestran
que casi siempre es el propio agresor quien lleva a su víctima al hospital, en
una etapa de arrepentimiento que podría ser considerado sincera. El patrón
se repite como si fuera un denominador común de situaciones de este tipo: la
habitación de la víctima se llena de flores y el hombre se muestra más que
amoroso que nunca con ella. No quiere dejarla sola por un minuto, la besa, y
le promete amarla como a ninguna. La mujer se ilusiona nuevamente ("finalmente ha cambiado", se repite), y no puede evitar pensar lo feliz que podría
ser si su cónyuge no tuviera estas manifestaciones de violencia. Lamentablemente, apenas la mujer regresa a su casa, todo vuelve a ser como antes,
ya que el mal de la violencia conyugal radica en la inmadurez y en el desajuste sexual del hombre que se convierte en el agresor de la mujer... ¡y estos
problemas no pueden ser erradicados de la noche a la mañana, como muchas
víctimas de la violencia sexual quisieran!

¿CUALES SON LAS SOLUCIONES?

Lamentablemente, no muchas. Ante todo, la mujer que es víctima de la violencia sexual por parte de su esposo debe ser consciente de que existe un
conflicto grande en su relación conyugal, al cual le debe prestar atención
inmediata, antes de que se presente una crisis peligrosa. Es decir, debe
comprender en todo momento que está conviviendo con un hombre enfermo,
que tiene grandes deficiencias sexuales. Con disculpas y con la esperanza de

que el individuo en cuestión "cambie" en el futuro, no se resuelve una situación que la está afectando profundamente, y que —además— está poniendo en peligro su vida y la de toda la familia.

Sus alternativas, por lo tanto, pueden resumirse en dos:

- Buscar la ayuda profesional de un siquiatra o sicólogo... para el agresor y para ella misma (lo que finalmente hizo María S.).
- Abandonar rápidamente al hombre que ama, consciente de que éste sufre de una enfermedad mental que ella no puede curar por sí misma. En este caso se aplica el concepto del viejo refrán: "prevenir es mejor que lamentar".

Indudablemente, bajo un tratamiento siquiátrico intensivo, el hombre que se entrega a la violencia sexual puede llegar a hurgar en la raíz de su problema y quizás resolverlo… para beneficio de la relación conyugal. No obstante, este proceso no se produce nunca de la noche a la mañana, sino que requiere —de una parte— la voluntad sincera del paciente, y de la otra, la ayuda decidida de su cónyuge, quien muchas veces debe adoptar una actitud severa hacia el agresor para definir los límites que no está dispuesta a soportar si se produjera un nuevo estallido de violencia conyugal. Esto, desde luego, constituye un nuevo riesgo... desde cualquier punto de vista que la situación sea analizada. Bettina M. logró escapar de su agresor después que se rebeló contra él, y hoy se halla en el proceso de reconstruir su vida. Pero otras víctimas de la violencia conyugal no son tan afortunadas... Muchas ni siquiera pueden hacer la historia, porque ya están muertas.

¿ES CULPABLE LA MUJER DE LA VIOLENCIA SEXUAL QUE SE DESATA EN SUS HOMBRES...?

Uno de los mayores mitos que ha surgido en relación con la violencia conyugal es aquél que trata de culpar a la mujer como incitadora de la violencia sexual en sus cónyuges: "las mujeres que reciben golpes son masoquistas, les gusta que les peguen, y también se sienten culpables de algún pecado pasado o presente... quizás el adulterio", suelen argumentar algunos hombres que, evidentemente, aún no han racionalizado las consecuencias de esta conducta sexual enfermiza. Otros —de actitud aún más arbitraria y machista— tratan de ignorar el problema, expresando que "el hogar es un lugar privado, donde los **conflictos conyugales** se resuelven como el hombre estime conveniente". Sin embargo, la vida demuestra que estas situaciones de violencia conyugal son sumamente complejas, y muchos casos lamentables (que han terminado en homicidios, suicidios, y verdaderas tragedias familiares) han tenido su origen en el maltrato de los esposos hacia sus mujeres.

¿Por qué hay hombres que "castigan" violentamente a sus mujeres...? ¿Qué hace que un hombre se excite sexualmente cuando ejerce la violencia sobre la mujer que supuestamente ama....? ¿Qué factores inducen a esta agresión física...?

¿POR QUE HAY HOMBRES QUE ABUSAN DE SUS MUJERES?

Hay muchas causas diferentes para la violencia sexual, pero por lo general he podido comprobar que todos los hombres que recurren a la agresión física conyugal como afrodisíaco tienen estas características como denominador común:

- Son personas que tienen un concepto muy pobre sobre sí mismos... no se consideran merecedores de la mujer que tienen a su lado, e inclusive resienten el hecho de que éstas los amen.
- Por medio de la violencia en la intimidad tratan de ocultar sus complejos de inferioridad y muchas de sus frustraciones sexuales. En muchos casos, estos agresores sexuales tienen un grado de impotencia sexual que aunque no sea total, sí les preocupa. En otras ocasiones se sienten "menos hombres" por el hecho de que sus penes no tienen las dimensiones que ellos han visto en otros hombres y que desearían para sí mismos. Inclusive, puede existir por parte del hombre, cierta envidia (consciente o inconsciente) por el nivel cultural o económico de su cónyuge, quizás superior al suyo propio.
- Son muchos los casos en los que el agresor sexual tiene tendencias homosexuales no definidas, las cuales trata de encubrir mostrando su lado más fuerte (el violento) hacia la mujer con la cual convive.
- Hay hombres que practican la violencia sexual porque esta misma situación es la que han visto en sus hogares desde pequeños; es decir, sus padres han abusado físicamente de sus madres y de otras mujeres en la familia, incluyendo las hermanas. Inconscientemente, ahora tra-

tan de reivindicar la agresión de la que fueron víctimas sus madres y hermanas.

- Otros —los que han sido educados en familias con conceptos morales muy estrictos— sienten un grado de culpabilidad más o menos grande por el placer que encuentran en el sexo. Culpan a la mujer de despertar el apetito sexual en ellos (una invitación que consideran pecaminosa)... y por ello la agreden, para finalmente ceder a sus instintos más primitivos. Es decir, la castigan con la violencia, para después amarla en una forma enfermiza.
- Muchos han padecido de abusos infantiles (han sido maltratados cuando eran niños o han vivido en hogares destruidos por el alcohol, la droga, o el divorcio, en medio de escenas violentas, escándalos y golpes).
- Finalmente, hay individuos con conflictos severos de la personalidad que desarrollan tendencias francamente sadistas, las cuales manifiestan plenamente en el momento del acto sexual con la mujer que supuestamente aman.

CAPITULO 13

¿POR QUE CADA DIA HAY MAS HOMBRES Y MUJERES QUE CAEN EN LA INFIDELIDAD?

Consideremos tres casos diferentes de cónyuges que son infieles:

- **Adrianna Gómez Prado** tiene solamente 25 años, y parece poseer todo lo que una mujer pueda desear para ser completamente feliz: es joven, atractiva, está casada con un abogado prominente, tiene un excelente empleo como Ejecutiva de Cuentas de una importante agencia de publicidad... ¡y un amante que la hace feliz sexualmente los lunes, miércoles y viernes, cuando almuerzan juntos y pasan gran parte de la tarde en un pequeño hotel de las afueras de la ciudad donde ambos viven! Sin embargo, a pesar de llevar una vida tan excitante, Adrianna está lejos de ser feliz. Confiesa a sus amigas más íntimas que le falta algo. ¿Qué...? Ella misma no lo puede definir. Probablemente es la tranquilidad y la paz con su propia conciencia, desde luego. Hasta hace un año, jamás le había sido infiel a su marido; su actual aventura hace que le remuerda la conciencia... ¡pero ya no es capaz de dejar a su amante, porque —según ella— "es el único hombre que ha despertado una pasión avasalladora en mí". Adrianna se halla ante la gran encrucijada de su vida: o se divorcia, o renuncia a su amante. Pero, por el momento, no es capaz de llegar a una decisión... y el tiempo continúa transcurriendo.

- **Alicia Lima** pasa por un trance parecido. Sólo que en este caso no es ella quien engaña a su marido. Es Guillermo, su esposo, quien sostiene una aventura con una mujer mucho más joven que ella, desde hace dos años. Guillermo es Profesor de Matemáticas en un prestigioso colegio capitalino, y su honestidad llega al extremo de informarle a su esposa cuándo ha tenido relaciones íntimas con la amante.

Tanto Alicia como Guillermo luchan por "rescatar" (ése es el término que ambos emplean) su matrimonio; los dos se hallan bajo tratamiento siquiátrico y constantemente visitan los consultorios de consejeros matrimoniales en busca de "soluciones". Ninguno de los dos desea romper con el otro (según ellos, "nos queremos entrañablemente")... pero hasta el presente, Guillermo continúa viendo a su amante, y le sigue informando a Alicia de sus encuentros sexuales con la otra, haciendo honor a esa extraña honestidad que lo caracteriza.

- **Ursula Rubiera** tiene 31 años. Soltera, muy atractiva, y desde hace dos años es abogada de una prestigiosa empresa de Contadores Públicos. Apenas comenzó a trabajar en la firma, se involucró sentimentalmente con otro abogado de la empresa: Daniel... sólo que Daniel está casado, tiene tres hijos, y no acaba de cumplir las constantes promesas de divorciarse que le ha hecho una y otra vez a la crédula Ursula, quien busca "una solución" (el término que emplea, clásico en este tipo de situaciones) desde que este conflicto amoroso comenzó. Hace poco, cansada de la situación sin salida en que se hallaba, Ursula rompió con Daniel. Las consecuencias de este rompimiento fueron percibidas por todos los que conocen a la pareja: Ursula desarrolló un grado de agresividad increíble contra todos a su alrededor, y Daniel prácticamente enloqueció. Sin pensarlo dos veces, le pidió el divorcio a la esposa... ¡y ésta se tomó un pomo de tranquilizantes con el objeto de suicidarse! Aterrado ante la crisis creada, Daniel desistió del divorcio y se reconcilió con "la madre de mis hijos" (así la llama desde entonces)... pero sigue viendo a la paciente Ursula, prometiéndole que "algún día" quedará libre, y jurándole que entonces se casará con ella.

¡ASI SE FORMAN LOS TRIANGULOS SEXO-SENTIMENTALES!

Los tres casos anteriores son verídicos; sólo los nombres han sido cambiados para proteger la identidad de los protagonistas. Y los tres muestran que los triángulos sentimentales se forman de las maneras más diversas e inesperadas. Es decir, usted mismo puede sentirse muy feliz en su matrimonio, jamás haber pensado en serle infiel a su cónyuge, y de repente encontrarse con una persona que tiene una química especial que lo haga vibrar en otra onda... la onda de la infidelidad. A veces no le concedemos inicialmente la importancia debida a lo que consideramos que pudiera ser "una aventura sin trascendencia". Sin embargo, la experiencia demuestra que muchas de estas aventuras echan raíces fuertes y llegan a convertirse en el argumento de la telenovela del año. Y está el caso, también, del hombre o la mujer soltera e independiente que, cuando menos lo espera, se involucra con una persona casada, sumiéndose por amor en un abismo complejo del que difícilmente puede escapar sin recibir —cuando menos— graves heridas emocionales.

Son todas situaciones de infidelidad en las que cualquier ser adulto puede verse involucrado... situaciones que se están repitiendo constantemente en todas partes del mundo, y para las cuales, sin embargo, los siquiatras no acaban de encontrar la solución... o la vacuna para prevenirlas.

¿QUE HACE QUE UNA MUJER (O UN HOMBRE) SEA INFIEL?

La infidelidad (contrariamente a lo que muchos puedan opinar al respecto) no es producto de un amor a primera vista, ni de ese famoso "momento crucial", sublimado por el romanticismo, en que dos seres con sensibilidades afines se encuentran y comprenden que "nacieron el uno para el otro"... y deciden unirse para vivir los embates de un amor imposible, aunque ya estén felizmente casados. Los casos de infidelidad que tratan los siquiatras se deben —simple y llanamente— a dos factores:

- Una atracción física muy poderosa...
- y a una voluntad débil que no se detiene en un momento dado de la relación, sino que se deja arrastrar a los extremos a los que pueda llevarla la pasión y los deseos de experimentar aventuras ilícitas que se sienten en ese momento.

En otras palabras: después de años tratando de desenmarañar las causas de la infidelidad y de buscarlas en la siquis del individuo infiel (complejos infantiles y otros conflictos de una personalidad deficiente), los siquiatras actuales han llegado a la conclusión de que, aunque las parejas infieles traten de envolver su pasión en un aire de romanticismo, en realidad sólo están encubriendo lo que es una realidad tajante:

- **Se es infiel porque el impulso sexual en determinados casos es muy poderoso y pocas personas son capaces de luchar contra sus propios instintos sexuales y neutralizarlos debidamente.**

Pero, además, está el hecho innegable de que las normas de la sociedad actual se han flexibilizado notablemente con respecto a la infidelidad... y en este sentido es preciso llamar la atención nuevamente al impacto que tienen los medios de comunicación sobre nuestros conceptos y costumbres en general. ¿Antes...? Pues considere que Tolstoi, el gran escritor ruso, hizo que su personaje Ana Karenina "pagara" su infidelidad con el suicidio (se lanzó delante de un tren) en su novela del mismo título... Ingrid Bergman tuvo que exiliarse de Hollywood por haberle sido infiel a su esposo con Roberto Rossellini... Y en muchos países del Medio Oriente, a las mujeres infieles se les lanzan piedras hasta que mueren o, sencillamente, son decapitadas.

Hoy, en nuestra cultura occidental, no se critican estos casos del modo severo con que se hacía años atrás... y hasta en los países hispanoamericanos más conservadores y de actitudes más machistas, son frecuentes los casos en los que la infidelidad (del hombre o de la mujer) terminan con un divorcio discreto... o hasta la situación es tolerada calladamente por diferentes motivos que son, evidentemente, más importantes que quién ama a quién y por qué. ¡Esto jamás habría sucedido veinte o treinta años atrás!

¡TODOS LOS SERES HUMANOS PODEMOS LLEGAR A SER INFIELES!

Aunque nos parezca una aseveración cruda y violenta, la realidad es que todos los seres humanos tenemos los elementos que se necesitan para ser infieles en un momento determinado. Sólo se requiere que se presenten las circunstancias propicias:

- Que tropecemos con esa "alma gemela" de sensibilidad afín a la nuestra que —creemos— que siempre hemos estado esperando; y que
- la situación que surja se preste para llegar a la intimidad sexual.

Muchas veces, el encuentro sexual de la pareja infiel es breve, angustioso e insatisfactorio... además de los elementos de culpa que impiden (u obstaculizan) la plenitud en la intimidad. Es la llamada "prueba de la cama". Pero si a pesar de esos elementos en su contra se produce una verdadera reacción química positiva entre el hombre y la mujer en cuestión durante el acto sexual (el ajuste que quizás los miembros de la pareja infiel no encuentren ya con sus respectivos cónyuges), entonces la situación se complica y la relación infiel tiene mayores posibilidades de volverse permanente... ¡el estímulo físico es muy fuerte y en muchos casos indisoluble! En ese instante en que la "prueba de la cama" ha sido favorable es que surge el conflicto del adulterio... el triángulo que comenzó a formarse inicialmente, ha quedado definido.

LA INSATISFACCION SEXUAL ES
OTRA CAUSA DE LA INFIDELIDAD

Hay muchos otros factores que llevan a un hombre o a una mujer a los **conflictos conyugales** que preceden a la infidelidad, y entre ellos merece especial atención la insatisfacción sexual que existe en infinidad de parejas (aunque a veces las mismas no sean debidamente conscientes de ella). En muchas ocasiones esta falta de acoplamiento íntimo se debe al desconocimiento del funcionamiento sexual del ser humano (un caso muy frecuente), pero también a las inhibiciones innecesarias de muchas parejas que sólo logran desarrollar su sexualidad a medias, por temor a "lo que el otro cónyuge pueda pensar" si se manifestaran espontáneamente e hicieran saber cuáles son sus verdaderas preferencias sexuales.

Para muchos individuos que están sexualmente insatisfechos, la solución a ese sexo-a-medias es la infidelidad. Porque, evidentemente, con otro compañero de cama sí son capaces de desarrollar plenamente su sexualidad y dar rienda suelta a todas las fantasías sexuales que los asaltan y que no se atreven a llevar a la práctica con su cónyuge legal debido a ese falso pudor con el que intentan disfrazar el instinto más poderoso en el ser humano: el instinto sexual.

TAMBIEN LA RUTINA EN EL MATRIMONIO PUEDE
LLEVAR A UNA PAREJA A SER INFIEL

Un factor que lleva a muchas parejas a la infidelidad es la rutina asfixiante en que caen muchos matrimonios poco creativos en la intimidad:

- Es posible que él ya no le preste a ella la misma atención de antes; que anteponga otros intereses a su vida conyugal; y que no tenga deseos de modificar los hábitos, rutinas y manías que ha ido desarrollando con los años... ¡siempre los mismos!
- Igualmente, cabe la posibilidad de que ella se descuide en su apariencia personal, que emplee pretextos para evadir los encuentros íntimos que él le propone, y que preste más atención a los hijos y a otras cuestiones en el hogar que al propio esposo... el cual siente que es rechazado, como es natural.

Es decir, ambos cónyuges se convierten en una especie de accesorios u objetos sin mayor valor... ¡el uno deja de tener importancia para el otro!

Si en esos momentos de crisis conyugal silente surge la persona indicada para cada uno de ellos, lo más probable es que ambos caigan fácilmente en el adulterio. Es más, la infidelidad puede ser un refugio: los dos necesitan una compensación a la situación sofocante en que se hallan, y la mejor compensación que pueden encontrar es, precisamente, el estímulo sexual con un nuevo compañero (o compañera) de cama.

Curiosamente, las estadísticas que son llevadas por los siquiatras revelan que —en la inmensa mayoría de los casos— la infidelidad de los cónyuges no quiere decir que se hayan dejado de amar. Es posible que ya no se deseen físicamente con la misma intensidad de antes, pero es muy probable que el amor entre ambos se mantenga vigente.

Desde luego, hay situaciones mucho más complejas en las que la rutina y muchos otros factores llegan a destruir completamente el amor... y en esos casos la infidelidad es una forma de escape, una carrera desesperada por huir de una situación que ya no se puede tolerar. Si no existe el valor para adoptar la solución definitiva (el divorcio), entonces se recurre a la alternativa más fácil y gratificante: ser infiel.

EL CASO DE "LA OTRA"... ¿TIENE SOLUCION?

A primera vista la situación de la otra mujer no es muy favorable. Ella está forzada a compartir su hombre con la esposa, la mujer legítima, la que se supone que tenga todos los derechos, porque es con ella con quien la familia está constituida. Por eso, este tipo de situación de amor-a-escondidas no suele ser muy duradero. Sin embargo, la otra se siente también con derechos... los derechos que le dan su amor por aquel hombre a quien ha marcado como suyo, por quien sufre, en quien ha cifrado todas sus ilusiones eróticas y afectivas, quien en determinados momentos le brinda apoyo emocional (sea sincero o fingido). Pero la realidad es que la otra mujer tiene pocas probabilidades de ganar la batalla contra la esposa en la inmensa mayoría de los casos... aunque piense lo contrario. Eso no significa que debe abandonar su lucha por el hombre que ama, sino que debe cambiar de estrategia para lograr el equilibrio. He aquí las alternativas para definir una situación ambigua:

- Abandonar al hombre con quien mantiene la relación ilícita, pero para siempre. Comprenda —de una vez y por todas— que mientras él sea su hombre, no tendrá oportunidades de encontrar a otro que pueda hacerla realmente feliz. El viejo refrán español es muy explícito en este sentido: "El barco que arriba al puerto no puede atracar al muelle ocupado".
- Indicarle sutilmente que está dispuesta a renunciar a él porque no puede continuar soportando la angustia que le causa verse atrapada en el triángulo sexo-sentimental que se ha creado. Esto lo obligará a optar por la amante... o regresar a los brazos de la esposa legítima... aunque sea por corto tiempo.

En cualquiera de las dos situaciones anteriores, la situación de conflicto quedará resuelta... más o menos.

¿QUE FACTORES HACEN QUE UNA MUJER ACEPTE SER LA TERCERA PUNTA DEL TRIANGULO?

Muchas mujeres aceptan ser la otra no sólo por la intensidad de su deseo sexual, sino por el franco temor a la soledad. Si un hombre se fija en ellas, aunque este hombre sea casado, sucumben a sus tácticas de seducción. Algo es mejor que nada, tal vez ellas consideren. Un hombre, aunque sea casado, es preferible a no tener ningún hombre al lado.

En este proceso natural del ser humano por evitar la soledad, muchas mujeres quedan atrapadas... inexorablemente. Es decir:

- Por una parte encuentran esa satisfacción sexual que necesitan con el hombre infiel, y calman de esta manera sus necesidades físicas más básicas.

- Por otro lado se sienten acompañadas en cierta forma, aunque en verdad sea mal acompañadas.
- Y con la esperanza de que su amor prevalezca sobre el de la esposa legítima, permiten que el tiempo transcurra... negándose la oportunidad de encontrar otro hombre en su camino con quien quizás podrían ser más felices y equilibrar su estilo de vida.

Si la otra no hace un esfuerzo por escapar de la trampa en que ella misma se ha encerrado, jamás saldrá de una relación que —analizándolo objetivamente— le ofrece más penas y amarguras que satisfacciones. Porque... considerando la situación fríamente: ¿cuáles son las satisfacciones que el hombre infiel puede brindarle a su amante? Unicamente el placer sexual, y ratos muy esporádicos de compañía... y no siempre. Y aunque ella necesite una mayor atención, aunque arda en deseos por él en un fin de semana o en un día de fiesta, o en una noche de lluvia, no puede sentirlo porque él se debe a la mujer legítima... y sólo dedica a su amante el escaso tiempo que logra robarle a su familia.

HAY MUJERES QUE, CONSCIENTEMENTE, ELIGEN SER "LA OTRA"

Hay mujeres que encuentran muy conveniente desempeñar el papel de la otra dentro del triángulo sexo-sentimental que estamos considerando en este capítulo. Son personas que se conforman con lo que el hombre infiel pueda brindarles. Inclusive se sienten seguras de que esa atracción sexual perdurará, precisamente porque nunca pueden estar juntos tanto tiempo como para saciar totalmente sus necesidades sexuales. En el fondo, este tipo de mujer le tiene miedo a la intimidad, a establecer relaciones duraderas que impliquen sacrificios por su parte, o que puedan herirla. Por eso admite el amor-a-medias... y lo aceptan todo. Es lo más conveniente para ellas.

¿POR QUE HAY HOMBRES QUE ESTAN DISPUESTOS A COMPARTIR SU MUJER CON OTRO HOMBRE...?

Tradicionalmente nos referimos a la otra porque se piensa que la infidelidad es más frecuente en el caso del hombre, y precisamente por ello está hasta más tolerada en el hombre que en la mujer, especialmente en nuestros países hispanoamericanos (la realidad es otra, desde luego). Sin embargo,

- Si hay tantas mujeres infieles, es evidente que en el mundo hay infinidad de hombres que toleran la situación.

¿Qué hace que un hombre acepte compartir una mujer con otro? No hay duda de que la infidelidad también puede ser una trampa para el hombre, lo mismo que para la mujer. El instinto natural de conquista en el hombre lo lleva a seducir a una mujer casada... es una forma de competir contra un adversario desconocido (o conocido) y vencerlo en el aspecto que más puede importarle: el sexual. Sin embargo, si se produce esa química especial que los infieles mencionan, entonces el otro queda atrapado y formando parte del triángulo sexo-sentimental.

Algunos otros —los de mente más liberal y costumbres sexuales más abiertas— se conforman con seguir compartiendo la mujer con su esposo legítimo, indefinidamente. Los más machistas, sin embargo, ejercen tal grado de presión sobre la mujer que tienen de amante que hacen que ésta rompa con su marido, o que le confiese "toda la verdad"... ¡el inicio de un **conflicto conyugal** de proporciones mayores! En un alto porcentaje de estos casos, una vez que la mujer ha ventilado su conflicto con el cónyuge legítimo, el amante pierde el interés en ella... y hasta llega a abandonarla. Su triunfo sobre su adversario ha sido total: lo ha destruido... y de esta manera el interés queda mitigado. El instrumento (la mujer en este caso) ya no importa tanto.

Desde luego, existen excepciones y situaciones en las que la relación infiel se ha legitimizado una vez que el esposo ha desaparecido del panorama sexo-sentimental de la mujer. Pero también hay situaciones en que la mujer infiel pierde el interés en el amante al no existir el conflicto de la infidelidad. Es decir, se había acostumbrado a funcionar sexualmente en determinadas condiciones de ilegitimidad y de crisis, y una vez que éstas no existen, ya su interés sexual decae notablemente. Entonces... ¿para qué continuar con la relación?

SI EL HOMBRE ES INFIEL... ¿QUE HACER?

Es probable que el triángulo más común se produzca cuando el hombre se involucra sexualmente con otra mujer, en una forma sistemática y continuada. Si él ha sido ejemplarmente fiel hasta ese momento, tal vez lo más conveniente es no crear una crisis instantánea ni provocar una confrontación emocional que no conducirá sino a que se manifieste un conflicto sentimental terrible... no sólo para usted sino probablemente para él. Es preferible analizar —en estos casos— la situación con toda la calma del mundo... y esperar un poco, para comprobar si cede la alucinación de la cual él es ahora víctima.

Los siguientes pasos son los que se deben considerar en situaciones de este tipo.

- No trate de competir con la otra, porque —si lo hace— usted tiene todas las de perder... aunque haya leído lo contrario en libros y revistas. ¿Por qué la otra es más vulnerable que la mujer legítima? Pues porque la otra constituye un estímulo sexo-sentimental muy poderoso para su hombre, y ante la prohibición lo más probable es que la balanza se incline definitivamente de su lado... ¡el lado de ella! Es preciso comprender que el esposo infiel está atrapado en un severo conflicto emocional, y que resolverlo le será muy difícil.
- Evite las recriminaciones al estilo de "¡Cómo has podido hacerme esto!" o "Yo no me merezco que me seas infiel", etc., etc. En estos casos, el silencio es un arma de guerra. ¡No deje saber cuáles son sus emociones más íntimas! ¡Represálas ante su vista!
- ¡Tenga paciencia! Cada día que pasa sin que él le plantee la crisis de un rompimiento, es un día a su favor. La pasión de la infidelidad es volátil (lo demuestra la experiencia) y a veces cesa tan inesperadamente como se presentó inicialmente.
- Si después de analizar la situación llega a la conclusión de que no puede soportar la idea de que su esposo le sea infiel, sólo hay una solución sensata: ¡Aléjese de él! Mientras más tiempo esté a su lado, más destruirá su propia estimación, el respeto que se debe a sí misma.
- Si está interesada en conservar a su hombre, no presente ultimatums. Eso puede exacerbar su amor propio y precipitarlo a romper con usted... aunque no hubiera tenido esa idea (ni ese deseo) antes de que usted le planteara su exigencia.

Muchos siquiatras están de acuerdo en que —desde cualquier punto que se le considere— la infidelidad es el final de toda relación conyugal. Por más que ambos cónyuges traten de zurcir un amor rasgado, siempre quedarán las costuras. Tal vez por ello, lo más sensato sea abandonar la partida. Pero esto no siempre es posible, mucho menos fácil. En infinidad de ocasiones, la mujer legítima ha invertido mucho amor, tiempo, energía e ilusiones (inclusive dinero) en esa relación con su hombre para lanzarlo todo por la borda, simplemente porque una advenediza haya llegado a disputarle su hombre. Sin embargo, esa decisión de quedarse o partir tiene que ser suya, una vez que haya estudiado bien las circunstancias y posibilidades del caso en que —lamentablemente— se halla.

¿ES USTED "LA OTRA"?
¿CUALES SON LAS ALTERNATIVAS?

Analizado desde su punto de vista, es muy posible que (al igual que la esposa legítima) usted también haya invertido tiempo, amor, ilusiones, dinero, esfuerzos en la relación adúltera en que ahora se halla involucrada. ¿Debe renunciar al hombre que hoy comparte con la esposa legítima, y devolvérselo en bandeja de plata...? Es posible que las opiniones estén muy divididas en este punto. No obstante, analice las siguientes consideraciones y llegue a una decisión objetiva por usted misma. Tome una decisión fría y calculada, y nunca decida en un momento emotivo que después la lleve nuevamente al punto de partida... y a caer en un círculo vicioso sin escape posible.

- ¿Considera que ha aceptado a su amante por el hecho de sentirse sola? ¿Se siente realmente sola cuando él no está a su lado?
- Eliminando a su amante del panorama: ¿tiene usted otras actividades interesantes en que ocupar su tiempo?
- ¿Qué le atrae de su hombre: las relaciones sexuales, su personalidad, su cultura, su dinamismo...? Una vez que el amor ha terminado, ¿se interesa usted genuinamente en lo que él está haciendo... en conocer sobre las actividades en las que está involucrado?
- Su amante, ¿la mantiene económicamente?
- Piense en lo que será de su vida dentro de los próximos cinco años. ¿Está dispuesta a seguir siendo solamente un complemento en la vida

de su hombre...? ¿Se conforma con ser, indefinidamente, un plato de segunda mano... por así decirlo?

- ¿Cómo la afecta económicamente (y socialmente) sus relaciones con su hombre? Es decir, ¿tiene usted un futuro económicamente asegurado? ¿Es aceptada en su grupo de amistades?

Las respuestas sinceras que usted ofrezca a estas preguntas pueden evidenciar la decisión lógica que usted debería tomar; es decir, su mente habrá definido en una forma racional el camino a seguir.

Sin embargo, están también las consideraciones emocionales, y éstas son más difíciles de resolver. De cualquier forma, la experiencia demuestra que hay un momento en que el triángulo sexo-sentimental hace que las tres partes sufran por igual. En ese instante, la crisis es inevitable... y la otra es la que lleva las de perder en esos momentos de crisis (según las estadísticas), sobre todo cuando en el matrimonio legítimo hay hijos o intereses materiales importantes que proteger.

¿ES MUJER... Y EXISTE MAS DE UN HOMBRE EN SU VIDA?

Hay algunas preguntas que toda mujer que se halle involucrada con más de un hombre debe hacerse a sí misma para poder calibrar sus posibilidades de llegar a establecer una relación estable y feliz con el otro:

- ¿Amo realmente a los dos hombres que ahora existen en mi vida... o simplemente me halaga el saber que ambos me desean?
- ¿Estoy realmente enamorada del hombre que hoy es mi amante... o sencillamente me atrae en el aspecto sexual?
- Después de hacer el amor con mi amante, ¿lo tolero? ¿Me interesa realmente su vida...? ¿Me preocupan sus actividades, cuando no está conmigo?
- ¿Creo en el amor a primera vista? ¿Soy una mujer que se deja seducir fácilmente?
- ¿Qué siento realmente hacia mi esposo...? ¿Amor (más tranquilo, por supuesto), estabilidad, tranquilidad, lástima...?
- Desde que era una adolescente, siempre he estado buscando al hombre perfecto. Hasta ahora, no lo había encontrado. ¡Mi amante es el ideal que tanto he esperado!

- A veces, cuando no puedo verme con mi amante, me siento tranquila junto a mi esposo. Es más, diría que me siento en paz. Evidentemente, es él quien perturba mi existencia.
- En mis fantasías sexuales, siempre aparece mi amante... y no mi esposo. ¡El es el centro de mi vida erótica!
- Fríamente, ¿sería capaz de romper mi matrimonio y renunciar a mi estabilidad por iniciar una aventura junto a mi amante... o prefiero que las cosas sigan como van (él en su casa, y yo en la mía, con mi familia)?

Después de haber respondido honestamente a todas estas preguntas, lea nuevamente este capítulo y defina (usted misma) cuál es el grado de adulterio que está cometiendo... ¡y hacia dónde puede llevarla!

¿POR QUE HAY TANTOS CASOS DE INFIDELIDAD... MASCULINA Y FEMENINA?

Los casos de infidelidad como los expuestos al comenzar este capítulo son muy frecuentes, y aunque los siquiatras pueden tratarlos para lograr que el impacto emocional sea menor, la realidad es que no somos capaces de curar a las personas involucradas en ellos... si es que existe una cura para la infidelidad. Es decir, la infidelidad no tiene cura; el ser humano es infiel desde la época de las cavernas (¿tal vez por instinto?), y no existe una forma adecuada de controlar esta epidemia mundial ya que, hacia dondequiera que nos volteemos, encontraremos casos de hombres y mujeres que son excelentes personas, de integridad cabal... pero que están involucrados en una relación extramatrimonial. Lo vemos en el cine, en la televisión, en la Literatura... ¡la infidelidad está reflejada en todas partes y no hay duda de que se ha vuelto una tendencia muy divulgada con el auge de los medios de comunicación, aunque es evidente que siempre —a medida que hemos avanzado más hacia la sofisticación del mundo civilizado— han habido hombres y mujeres que traicionan el amor de su cónyuge.

¡ADICTOS A LAS RELACIONES SEXUALES FUERA DEL MATRIMONIO!

Hay personas felizmente casadas (hombres y mujeres por igual) que, una vez que son infieles la primera vez, no conciben la vida sin ser parte de un triángulo sexo-sentimental que ellas mismas construyen... destruyen... ¡y vuelven a construir, indefinidamente! Estas personas se apasionan fácilmente con la primera "alma gemela" que cruza su camino. La acaban de conocer y consideran que es ideal, la pasión arde violentamente, y los encuentros sexuales parecen verdaderos maratones olímpicos. Sin embargo, toda esta ilusión es pasajera, y hay un momento en que esa persona completamente afín deja de interesarles. ¿Qué hacen? Rompen con ella, desde luego... y buscan otra. Así, saltan de amor y de cama en cama, mostrando una inestabilidad emocional y un grado de inmadurez increíbles.

Algunas ni siquiera cortan la relación sexual con aquéllas que dejaron de interesarles, y hay casos en que una misma persona, legítimamente casada, está sosteniendo hasta dos, tres y cuatro aventuras sexo-sentimetales simultáneamente, sin que ninguna de las partes de este triángulo o cuadri-látero sentimental sepa de la existencia de las otras. ¿Casos insólitos? No. Según las estadísticas siquiátricas a nivel internacional, ¡son más frecuentes de lo que podemos imaginar!

CAPITULO 14

LOS HABITOS NEGATIVOS DE SU CONYUGE...
¿COMO ESTAN AFECTANDO SU SALUD?

Intereses comunes, actividades compartidas, atracción física... ¡No, esto no es todo en la relación de la pareja! También hay que tomar en cuenta esos "otros hábitos" de nuestro cónyuge que pueden afectarnos de manera negativa... ¡y causar serios conflictos conyugales!

Cuando se conocieron, todo parecía coincidir: la fascinación de ambos hacia la Naturaleza, el interés por el teatro, el deseo de vivir alejados de la actividad de la ciudad, e inclusive la preferencia por los días grises... Todo coincidía en ellos... excepto la inclinación abierta de él hacia las bebidas alcohólicas. Ella se percató de esto desde que comenzaron a salir, pero pensó que era "algo" que podría neutralizarse con el tiempo... su amor, definitivamente, sería capaz de hacerlo cambiar en este pequeño detalle. Se casaron, desde luego; todo parecía perfecto en sus relaciones. Sin embargo, con el transcurso de los meses, el consumo de alcohol por parte de él no pareció moderarse, sino incrementarse. Y, con ello, comenzaron a manifestarse una serie de otros rasgos mucho menos deseables. El comenzó a mostrarse cada vez más irritable con la bebida. Le gritaba, la insultaba, hasta que terminó por golpearla con violencia. Si bien era cierto que, una vez que los efectos del alcohol desaparecían, él le pedía perdón y le aseguraba que nunca más "eso" volvería a suceder, en verdad nada parecía mejorar. La relación perfecta que había surgido inicialmente, comenzó a desmoronarse... Fue precisamente en esa etapa en que ella, en su afán por salvar el matrimonio, decidio consultar la situación con un siquiatra.

¡PARA ALGUNAS PERSONAS, LA SEGURIDAD Y LA SALUD DE SU PAREJA NO MERECEN TENERSE EN CUENTA!

Como en el caso anterior, muchos matrimonios sufren debido a los hábitos negativos de uno de los miembros de la pareja... e inclusive, a veces hasta la vida de uno de los miembros de la pareja corre peligro. Ciertos vicios y costumbres negativas que estuvieron presentes antes de que se consolidara la relación, se acentúan con el tiempo, llegando a reemplazar todos los valores y elementos en común que una vez existieron, y —en un gran número de casos— acaban arruinando la relación. Se trata de esos hábitos que no sólo controlan la vida de la persona que los presenta, sino que afectan la existencia de su cónyuge: el consumo de alcohol, los cigarrillos y las drogas, el llevar un estilo de vida no saludable, el estrés laboral... Son factores que pueden llegar a convertirse en los peores enemigos de una pareja, y hasta convertirse en una horrible pesadilla.

Afortunadamente, no en todos los casos, un hábito negativo determinado domina la relación, ni tampoco en todas las situaciones una costumbre determinada puede minarla. Pero, ¿cómo distinguir entre una situación y otra? ¿Cómo podemos hacerle frente a estos hábitos negativos que pueden poner en peligro nuestra felicidad conyugal? ¿Cómo determinar que ha llegado el momento —por nuestra propia salud y seguridad— de abandonar la relación...? A continuación le ofrecemos una información detallada sobre los hábitos negativos más comunes que afectan las relaciones conyugales, y las medidas que pueden ser adoptadas para contrarrestar sus efectos devastadores.

¡LA DIETA Y EL ESTILO DE VIDA DE NUESTRA PAREJA PUEDEN AFECTARNOS SILENCIOSAMENTE!

Para muchos puede resultar inconcebible que la forma en que nuestra pareja suele comer, sus hábitos de sueño, de ejercicios, y de vida en general, puede representar una amenaza potencial para nuestra salud... pero así es: ¡todas esas costumbres influyen en forma decisiva en cada uno de nosotros!

Pongamos por ejemplo una pareja en la que uno de sus miembros se preocupa por mantener un peso y un estado de salud adecuados, mientras que el otro, sin embargo, come en una forma arbitraria y sin ningún control, además de llevar un estilo de vida absolutamente sedentario, en el que los ejercicios físicos no tienen cabida. Es lógico que para el primero resultará mucho más difícil mantener su estilo de vida saludable, ya que se verá constantemente tentado por los alimentos e invitaciones a comer de su pareja, por las golosinas que ésta lleva a la casa, y por supuesto, también le será mucho más difícil encontrar tiempo para realizar sus actividades físicas, simplemente porque éstas no están contempladas en el horario del otro cónyuge.

Una buena estadística al respecto la ofrece la Doctora Linda Frye Campbell, Profesora de Sicología de la Universidad de Georgia (en Athens, Estados Unidos). De acuerdo a los estudios que ha realizado sobre este tema:

- "Las personas cuyos cónyuges muestran una actitud positiva hacia el ejercicio físico, se mantienen disciplinadamente en sus programas hasta en un 80% de los casos; por contraste, aquéllas que no cuentan con el apoyo de sus parejas, sólo continuarán realizando actividades físicas en un 40% de los casos".

Pero el problema es mucho más complejo de lo que pudiera parecer a simple vista. Inclusive una persona cualquiera que lleve un estilo de vida saludable (que incluya una dieta debidamente balanceada y algún tipo de actividad física realizada en forma sistemática), se halla en el riesgo de verse afectada negativamente si conoce y establece relaciones con otra persona que tenga hábitos alimenticios o de vida negativos. Las posibilidades de que su disciplina se vea afectada son grandes, desde luego.

SI SU PAREJA FUMA, ¡SU SALUD ESTA EN PELIGRO!

Se trata, desafortunadamente, de una terrible estadística, pero no por ello deja de ser realidad. Según la Asociación de los Pulmones de los Estados Unidos:

- Entre los llamados fumadores de segunda mano (aquellas personas que están expuestas al humo de los cigarrillos que fuma otra persona), se estima que aproximadamente 3,000 mueren anualmente como consecuencia de tumoraciones cancerosas desarrolladas en el pulmón, 37,000 a causa de enfermedades cardíacas, y 13,000 debido a otros tipos de cáncer que fueron causados (definitivamente, según estadísticas) por el humo de los cigarrillos.

Otro estudio reciente —publicado por la revista de la Asociación Médica de los Estados Unidos— confirma otra estadística alarmante:

- Si su pareja fuma más de una cajetilla de cigarrillos al día, o ha fumado durante un período prolongado de tiempo, su riesgo de padecer de cáncer del pulmón es un 30% más alto que el de otra persona que viva con alguien que no fume.

El aspirar la nicotina en forma secundaria (respirando el humo de cigarrillos de otras personas) también parece ser un factor que desencadena otras afecciones (el asma entre ellas), y un elemento decisivo en el desarrollo del cáncer de la cérvix (entre las mujeres). En una investigación realizada al respecto por científicos de la Universidad de Utah (en los Estados Unidos) se ha podido comprobar que:

- La incidencia del cáncer cervical es más frecuente entre las mujeres que han estado expuestas —por lo menos durante tres horas diarias— al cigarrillo de otra persona… por lo general sus cónyuges.

La razón —explican los especialistas— reside en el hecho de que el fumador pasivo recibe dosis tóxicas más altas que el fumador habitual, quien inhala el humo del cigarrillo, por lo general a través de un filtro. El Doctor Klaus D. Brunnemann es un especialista de la Fundación Americana para la Salud (Nueva York, Estados Unidos), e indica que "el estar solamente una hora diaria junto a una persona que fuma nos expone a la misma dosis de nitrosaminas (unas poderosas sustancias cancerígenas) que si fumásemos media cajetilla de cigarrillos al día".

Sin embargo, el riesgo a sufrir de cáncer no es el único factor a considerar; el fumador pasivo también está expuesto a las afecciones cardíacas, lo cual ha sido demostrado por la relación entre los niveles de colesterol bueno y el cigarrillo. En este aspecto, las estadísticas indican que:

- Los niveles de lipoproteínas de alta densidad (el colesterol bueno, que es el que protege contra los trastornos circulatorios) son mucho más bajos entre las personas que fuman.

Según los especialistas que han participado en estas investigaciones, si baja el nivel de colesterol bueno en la sangre, aumenta automáticamente en un 12% la posibilidad de que se presente un ataque al corazón.

Un último riesgo al que están expuestos los llamados fumadores secundarios —pero quizás uno de los más importantes— es el riesgo que respirar el humo de los cigarrillos que fuman otros representa para la mujer que planifica concebir o que ya está embarazada:

- La exposición secundaria al humo del cigarrillo —y si esta exposición resulta prolongada porque proviene de una persona allegada, con la que se pasa una buena parte del día (como el cónyuge, por ejemplo) hace que el riesgo para el feto sea grande.

SI UNO DE LOS MIEMBROS DE LA PAREJA CONSUME ALCOHOL EN EXCESO, O DROGAS... ¡MAS TARDE O MAS TEMPRANO EL OTRO SE VERA AFECTADO!

Estudios similares a los realizados con el cigarrillo establecen una relación definitiva entre el alcohol, las drogas, y los defectos congénitos. Sin embargo, para los especialistas, la violencia que en la mayor parte de los casos acarrea el consumo de todas estas sustancias estimulantes, resulta mucho más peligrosa en las relaciones conyugales.

Una interesante investigación reciente (dirigida por el Doctor Kenneth Leonard, investigador del Instituto de Estudios de las Adicciones, en los Estados Unidos) siguió de cerca la relación matrimonial de 600 parejas en las que uno de los cónyuges consumía alcohol en exceso, ratificándose la fuerte relación que existe entre el alcohol y la violencia. "Mientras que el consumo de alcohol... tanto en la mujer como en el hombre... está asociado a niveles de agresión, en el esposo es mucho más significativo", asevera este especialista. "El alcohol no tiene necesariamente que ser el causante directo de la violencia, desde luego... pero existe una relación entre ambos. Si un hombre muestra tendencia al consumo excesivo de alcohol, es mucho más probable que también tenga tendencia a la violencia, incluso cuando esté sobrio".

En relación a las drogas, la situación se hace todavía más crítica por el hecho de que por lo general, el miembro de la pareja que las consume es adicto a ellas, y más tarde o más temprano tratará de que el otro las comparta con él. Es mucho más difícil decir no a nuestro cónyuge, porque todos tenemos la tendencia a tratar de complacer a la persona que amamos. Claro, en una situación como ésta lo que nos está proponiendo es que consumamos drogas, y lo más probable es que nos neguemos... pero el peligro está ahí, vigente en todo momento.

Desafortunadamente —lo mismo que sucede en el caso de las personas que llegan a alcoholizarse— los drogadictos suelen tratar de atraer a sus parejas hacia el consumo de la droga. Una investigación reciente realizada en la ciudad de Nueva York reveló que de un numeroso grupo de mujeres que usaron cocaína durante su embarazo, la mayoría se había iniciado en su consumo inducidas por sus parejas.

Aparte de las enormes repercusiones que el consumo de drogas puede tener para la salud, y de las consecuencias que puede dejar en nuestros hijos, existe otro importante factor que muchos sociólogos destacan: la repercusión económica de su consumo. Se trata de las consecuencias sociales y financieras del consumo de drogas por parte de uno de los miembros de la pareja, las cuales evidentemente afectan al otro cónyuge. En la mayoría de los casos en los que uno de los cónyuges ha sido judicialmente castigado por el tráfico ilegal de drogas, el otro ha sufrido también la severidad de la pena legal.

¡LA OBSESION POR EL
TRABAJO ES CONTAGIOSA!

Reconocer al tipo de persona que vive obsesionada por el trabajo no es difícil. El individuo para el cual su profesión u oficio llega a convertirse en el centro de su vida, su meta principal y motivo para vivir suele generar tal magnitud de estrés, que el resto de sus actividades se matizan en una forma similar. Esta personalidad obsesiva-compulsiva suele comportarse en una forma peculiar, y el patrón se repite con más o menos los mismos rasgos en todos los casos... Es la persona incapaz de pedir consejo o ayuda, que quiere ejecutarlo o dirigirlo todo, tomar todas las decisiones, dar la última palabra en todos los casos, es el perfeccionista al extremo. Un cónyuge obsesionado en esta forma suele ser el que decida a qué restaurante se va a ir siempre, qué película se verá, cuál es la opinión o el punto de vista correcto en toda discusión o conversación... ¡y jamás dará cabida a una objeción!

La persona que vive obsesionada por el trabajo no tiene horario para regresar a la casa después del trabajo, no existen para ella los días festivos, ni los fines de semana... Y aun estando de cuerpo presente en la casa, su mente muchas veces se habrá quedado en la oficina o estará proyectada hacia una próxima reunión de trabajo. Por supuesto, estas ideas perennes, y esta falta de reposo mental y físico, originan estrés, ansiedad, irritabilidad, mal humor, e intolerancia incluso ante los más pequeños problemas domésticos...

Muchas de estas personas se refugian en el trabajo por dos razones básicas, desde luego:

- O se sienten insatisfechas consigo mismas; constantemente tienen que estar demostrándose a sí mismas que son productivas y que resultan indispensables para el lugar donde trabajan;
- o no están conformes con la vida personal que llevan... con su pareja.

Es decir, por diferentes factores, las relaciones con el cónyuge son las que generan este estilo de vida que —definitivamente— puede ser altamente nocivo para la salud. Las consecuencias de este estrés no se hacen esperar, y uno de los primeros síntomas es un debilitamiento del sistema inmunológico, con la consecuencia inmediata de desarrollar una mayor propensión ante los resfriados y las infecciones respiratorias. Por lo tanto:

- Cuando el miembro de una pareja pone en peligro su salud como consecuencia del estrés al que está sometido, y que no logra controlar adecuadamente, también está poniendo en peligro la salud de su pareja.

Otro elemento a considerar es la presión arterial, que —según los estudios médicos realizados a nivel internacional— suele ser similar entre ambos miembros de la pareja. Independientemente de los hábitos alimenticios y de vida, las estadísticas muestran que:

- Las cifras de la presión sanguínea son muy parecidas entre los miembros de una pareja.

Esto sugiere que un individuo puede deswarrollar la hipertensión arterial que sufre su cónyuge. Por lo tanto, si la salud de un miembro de la pareja no es la adecuada, las probabilidades de que la salud del otro miembro se vea igualmente afectada son grandes.

LA ALTERNATIVA FINAL:
¡TOMAR UNA DECISION!

La línea que separa a uno de estos hábitos nocivos entre "una forma de conducta transitoria e inofensiva" y "un factor que puede afectar nuestra salud" es casi siempre muy sutil. Es decir, distinguir si nuestra salud está siendo realmente afectada por los hábitos negativos de nuestro cónyuge puede tomarnos algún tiempo, e inclusive puede requerir la ayuda de una tercera persona. Sin embargo, una vez que determinemos que, sin duda alguna, se trata de una de esa conductas compulsivas incontrolables, no podemos sentarnos a esperar a que "la situación ceda por sí misma" o a que nuestro cónyuge "se regenere con el tiempo", o "se dé cuenta del daño que se está causando a sí mismo, y a quienes conviven con él". ¡Evidentemente, es preciso tomar acción!

- Primeramente es preciso analizar objetivamente si existe alguna vía de rectificar esa conducta en nuestro cónyuge. Si es así, es fundamental hablarle y explicarle la necesidad de modificar esos hábitos negativos. Hágalo siempre en forma seria y pausada, no con quejas y regaños constantes. Por supuesto, nunca inicie este tipo de conversación si su cónyuge está ebrio o bajo los efectos de un estupefaciente.
- También la solución puede alcanzarse a través de algún programa de rehabilitación, por medio de varias sesiones con un especialista en Nutrición, o con algunas sesiones de terapia familiar.
- Sin embargo, en algunos casos el problema resulta mucho más serio: si uno de los miembros de la pareja es alcohólico, y su adicción lo ha llevado a ser irascible y violento en el hogar, es preciso analizar la situación con toda la objetividad del mundo, y preguntarse: "¿Estamos en condiciones de continuar este tipo de vida durante diez, veinte años más? ¿Vale la pena dedicar nuestra vida a una persona que es incapaz de controlar una conducta que lo destruye poco a poco... y que también nos está destruyendo progresivamente?". ¡Hágale caso a su instinto... Por lo general, está siempre en lo cierto!
- Si nuestro cónyuge está dispuesto a cambiar, entonces debemos brindarle todo nuestro apoyo emocional.
- No obstante, si después de una serie de intentos fallidos nos percatamos de que no hay posibilidad alguna de que nuestro cónyuge erradique los hábitos negativos que están afectando nuestra salud, la única —o al menos la más segura— de las vías de solución a con-

siderar, es apartarnos de la relación. ¡Cortar por lo sano... antes de que el daño que cause en nosotros sea irreparable!

SU CONYUGE:
¿"CONTAMINA" SU VIDA...?

A continuación le ofrecemos algunos índices —en forma de interrogantes— que pueden ayudarle a comprobar si los hábitos de su cónyuge resultan demasiados dañinos como para continuar la relación. En caso de que dos o más de ellos estén presentes, analice seriamente su situación... ¡y haga algo al respecto! Considere que permanecer atrapado en una situación que le resulta dañina es peligroso.

- ¿Considera que su cónyuge ha reemplazado la relación sexual (que le produce satisfacción física, naturalmente) por otras actividades: drogas, alcohol, comer en exceso, o trabajar compulsivamente...?
- ¿Se siente forzado a participar en algún tipo de actividad sólo para acercarse más a su cónyuge... o para resultarle agradable... o para evitar sus protestas?
- ¿Es la relación amorosa entre usted y su cónyuge el principal motivo que los mantiene unidos, o existen también otros factores (dinero, por ejemplo)?
- Su salud: ¿ha comenzado a sufrir alguna consecuencia como resultado de los hábitos negativos de su cónyuge? Por ejemplo: ¿considera que su sistema inmunológico se ha debilitado, porque con mayor frecuencia sufre de resfriados y enfermedades respiratorias? ¿Le asaltan a veces estados de depresión que van más allá de lo que pudiera considerarse normal...? ¿Se siente a veces embargado por una ansiedad incontrolable?
- ¿Se ve usted a sí mismo como la persona encargada de velar por la seguridad y salud de su cónyuge, y no como su pareja en la vida?
- ¿Existen metas que usted ha deseado llevar a cabo, pero que los hábitos negativos de su cónyuge lo han impedido?

CAPITULO 15

DISTANCIAMIENTO CONYUGAL:
¿POR QUE SE ALEJAN LAS PAREJAS FELICES?

Infinidad de parejas que aseguran tener "un matrimonio perfecto" y "ser totalmente felices", en determinados momentos de la relación conyugal se comienzan a distanciar sin que exista algún motivo concreto para que se active este proceso de alejamiento. ¿Es normal este distanciamiento conyugal? ¿Por qué se produce? ¿Cómo puede ser superado? ¿Lo experimentan todas las parejas, o sólo algunas...? En este capítulo le ofrecemos las respuestas a todas estas incógnitas, así como las formas de evitar este **conflicto conyugal** que va resquebrajando el matrimonio sin que los miembros de la pareja se den cuenta de lo que está sucediendo.

Desarrollar una relación verdaderamente íntima es la tarea sicológica más importante de la pareja para alcanzar la estabilidad y la felicidad en la vida conyugal:

- La intimidad profunda en el matrimonio puede ayudar a los cónyuges a protegerse del estrés que originan las experiencias adversas de la vida, las cuales son inevitables en la mayoría de los casos.
- De igual forma, la falta de una relación realmente íntima con el cónyuge pudiera actuar como un factor que activa serios conflictos, los cuales incluso pueden llegar a disolver el matrimonio.

Pero, ¿qué es —concretamente— la intimidad? ¿Mantienen siempre los cónyuges una relación estrecha y cercana, o hay ocasiones en que se distancian? ¿Por qué a veces se alejan los miembros de una pareja...?

Comencemos por enfatizar que la intimidad presenta tres fases o etapas diferentes:

- Física.
- Emocional.
- Sexual.

No obstante, la inmensa mayoría de las personas confunden estas etapas y las entremezclan, lo cual hace que se mezclen muchas veces los factores que realmente están provocando una situación de distanciamiento conyugal. Por ejemplo:

- Algunos cónyuges pudieran quejarse de que necesitan un nivel mayor de intimidad, y es posible que se refieran únicamente a la necesidad de hablar más con su pareja; esto es la intimidad emocional.
- El otro cónyuge pudiera quejarse de lo mismo, pero lo que en verdad requiere es encuentros sexuales más frecuentes. Hay deficiencias, evidentemente, en su intimidad sexual.

Cuando los especialistas definen la intimidad, se refieren a ella como una composición de:

- El afecto: la expresión y la materialización del sentimiento de gustarse, amarse, y tener opiniones positivas sobre el otro miembro de la pareja.
- La cohesión: la expresión de un compromiso en la relación conyugal.
- La expresividad: la comunicación efectiva de creencias, actitudes, y sentimientos.
- La revelación: el proceso de descubrirse y darse a conocer a la pareja.

Normalmente, las relaciones conyugales felices incluyen períodos de mucha intimidad, así como etapas en las que se produce algún nivel de distanciamiento. El distanciamiento frecuentemente se manifiesta después de etapas de extremo acercamiento, y pudiera ser un mecanismo de compensación para manejar cómodamente la gran proximidad experimentada en un momento dado.

Todos los seres humanos tenemos ciertas necesidades de dependencia, las cuales de alguna manera nos atemorizan; creemos que si confiamos o nos entregamos demasiado a otra persona, terminaremos por ser abandonados y sentirnos desamparados; por eso es que necesitamos alejarnos ocasionalmente, para comprobar que continuamos siendo individuos independientes, que no hemos perdido nuestra propia identidad.

Para la mayoría de las personas, esta reacción de alejamiento pasa rápidamente, y hasta constituye un modo saludable de recargar las energías conyugales. Sin embargo, si el distanciamiento se emplea con el propósito específico de lastimar a la pareja o vengarse de ella, la relación conyugal pudiera estar dañada y necesitar ayuda para repararla.

LAS PAREJAS SE VAN DISTANCIANDO A TRAVES DE LA RELACION CONYUGAL...

En todas las relaciones humanas, el cambio es inevitable; por eso, hay momentos en que la distancia es una parte natural y normal de la relación conyugal, presentándose debido a diferentes factores. Estos son los más frecuentes, y deben ser analizados:

1
EL DISTANCIAMIENTO EN LOS PRIMEROS AÑOS DEL MATRIMONIO

Consideremos:

- Después de la etapa de romance y proximidad inicial, los primeros años del matrimonio son comúnmente destinados a identificar las expectativas no satisfechas; también se produce un proceso de rectificación de esta condición.
- El descubrimiento de las áreas con expectativas insatisfechas concierne a todos los aspectos del funcionamiento de una pareja y es el objetivo de la relación matrimonial en estos momentos iniciales de la relación conyugal.
- La distancia que se produce en los primeros años del matrimonio puede, por lo tanto, convertirse en la manifestación simbólica de que el matrimonio no es satisfactorio. Cuando las expectativas de una pareja no son cumplidas, los cónyuges se sienten disgustados y frustrados, y comienzan a extraer la gran inversión emocional que han hecho a la relación.

Muchas de nuestras expectativas de matrimonio pertenecen a la variedad romántica y no realista, Por ejemplo, a veces pensamos que una vez que nos casemos, viviremos felices durante el resto de nuestras vidas. Por eso, cuando nos enfrentamos a la cruda realidad, un discreto y temporal distanciamiento es inevitable. Otras personas jóvenes, en cambio, van al matrimonio esperando poner fin a los sentimientos de soledad y depresión que experimentaron durante su vida como solteros, o creyendo que la intimidad conyugal los ayudará a sentirse más masculinos o femeninos.

Estas expectativas, desde luego, jamás podrán ser satisfechas con la unión matrimonial. Si un miembro de la pareja se sintió deprimido antes del matrimonio a causa de conflictos internos sin resolver, lo más probable es que se mantenga infeliz después del matrimonio... y entonces quiera culpar a su pareja de su estado de ánimo. De igual forma, el hombre o la mujer joven, inseguro de su identidad sexual, pudiera encontrar que sus problemas continúan presentándose en la cama matrimonial. Estos jóvenes casados, que esperan que sus cónyuges se conviertan en la cura de todos sus problemas, pudieran sentirse frustrados y descontentos con la relación conyugal.

Sin embargo, si las expectativas no realistas acerca del amor y el matrimonio son exploradas y analizadas con la debida honestidad, el cónyuge que siente su descontento pudiera tomar consciencia de que la solución se encuentra más dentro de él que en su pareja. Una vez que llega a esta conclusión, puede tomar las medidas adecuadas para resolver la situación.

Es importante reconocer que algunas parejas pueden discutir continuamente, tener un matrimonio que no les satisface, y sin embargo, no le ponen fin a la situación (con el rompimiento o inclusive con el divorcio). Con frecuencia, uno (o ambos) miembros de este tipo de pareja se sienten incapaces de despertar amor y temen que nadie más podrá llegar a amarlo. Para ellos, el distanciamiento dentro de la relación conyugal es mejor que la posibilidad de quedarse solos para siempre.

2
EMBARAZO Y PATERNIDAD

El embarazo y la paternidad también pudieran conducir a un súbito descontento con el matrimonio, lo mismo en el caso del hombre que en el de la mujer. Los cambios en la relación sexual que estos procesos inevitablemente causan pudieran hacer que el hombre se sienta apartado, inclusive rechazado... la intimidad, como era concebida antes, llega a desaparecer y, lógicamente, surgen los **conflictos conyugales**. El surgir un rival en la atención de la mujer no siempre es reconocida como la fuente de descontento, pero con frecuencia el hombre comienza, de repente, a sentir inconscientemente que su esposa no se dedica o preocupa por sus problemas como lo hacía antes.

Otras razones más superficiales que pueden provocar el distanciamiento en esta etapa conyugal incluyen la apariencia de la mujer y su comportamiento. Durante el embarazo, la mujer invariablemente se concentra en su cuerpo y en el niño que está desarrollándose en su interior, y pudiera llegar a considerar las demandas emocionales de su esposo como una intrusión. Posteriormente, el nacimiento del hijo pudiera despertar en ella viejos resentimientos acerca de cómo cada uno de los dos miembros de la pareja fueron cuidados por sus respectivos padres y cómo hubieran querido ser atendidos. Estos viejos resentimientos son entonces transferidos al esposo en una proyección sicológica... y un cierto nivel de distanciamiento será inevitable.

3
LA COMEZON DEL SEPTIMO AÑO

¿Quién no ha escuchado hablar de la llamada "comezón del séptimo año"? Fue el título de una película de Marilyn Monroe... pero también es una situación que se presenta en la vida real. Este es otro momento en que el distanciamiento entre los cónyuges se vuelve un aspecto normal del patrón del desarrollo del matrimonio. Durante esta etapa a vces surgen una serie de dudas acerca de si se ha elegido correctamente a la pareja, y son sentimientos que —según las investigaciones realizadas al respecto— se manifiestan por igual en el hombre y la mujer. A medida que los cónyuges se distancian para evaluar de nuevo la relación conyugal como la ven en la actualidad, también son propensos a evitar el contacto sexual y a provocar un distanciamiento. La disfunción sexual es —con frecuencia— la manifestación exterior de esos sentimientos de duda que están experimentando.

4
LOS CAMBIOS DE LA MEDIANA EDAD...

Para que los miembros del matrimonio mantengan la intimidad conyugal a medida que transcurren los años, es imprescindible que ambos acepten el proceso inevitable del envejecimiento que están experimentando sus cuerpos, y de las limitaciones que deben obedecer como consecuencia de ello. Sin embargo, cuando los cambios de la mediana edad comienzan a manifestarse, las parejas todavía no siempre se hallan completamente preparadas para asimilarlos. ¿Resultado? El distanciamiento en la vida íntima.

- Los sentimientos de decadencia y poca utilidad que los hombres suelen manifestar en esta etapa de sus vidas, los conducen casi siempre a aislarse de sus esposas, quienes —también a causa de sus propias condiciones— interpretan cualquier distanciamiento conyugal como un deseo de alejarse para comenzar una nueva vida con una mujer más joven.

Los riesgos de separación aumentan inevitablemente en esta etapa de la vida en pareja: un hombre excesivamente dependiente (precisamente a causa de sus propios temores de dependencia) pudiera hasta desear separarse de la mujer a la que tan atado se siente para comprobar que es independiente y que se halla en control de su vida. Y —en algunas familias— el acercamiento del hombre o la mujer con un hijo adolescente se incrementa, a medida que disminuye la proximidad con el otro miembro de la pareja. Esta última actitud tiende a alimentar otros conflictos que alejan más a los cónyuges y, al mismo tiempo, pueden llegar a afectar nocivamente las relaciones con los hijos.

5
EL DISTANCIAMIENTO DE LA VEJEZ
POR EL MIEDO A LA MUERTE...

A medida que la vida sigue avanzando, la amenaza de muerte de uno de los dos miembros de la pareja frecuentemente causa que los cónyuges se distancien progresivamente. Se desarrolla en ellos un temor a la posible ausencia, e inconscientemente se tratan de aislar para estar preparados para la situación de pérdida que pudiera presentarse. No obstante, aunque la necesidad de privarse a uno mismo y privar a la pareja del dolor de la separación está presente (y no hay duda de que puede opacar ocasionalmente el colorido de la relación), el potencial para prolongar la intimidad conyugal es todavía más fuerte en esta etapa... y la pareja puede continuar creciendo emocionalmente y estrechando sus lazos afectivos.

OTROS FACTORES DEL
DISTANCIAMIENTO CONYUGAL...

Como revelan todas estas etapas en la vida conyugal de un matrimonio que pudiera ser considerado promedio, la intimidad y el distanciamiento pueden presentarse igualmente en una relación. Las relaciones matrimoniales también incluyen períodos en los cuales los cónyuges no están ni muy cerca ni muy distantes; éstos pudieran ser llamados "momentos de reposo", en los cuales la energía sicológica está siendo almacenada para ser empleada en la siguiente etapa de intimidad.

Los matrimonios que aprenden a desarrollar un estado de alerta sobre todos estos períodos —y que comprenden y racionalizan que estos cambios en la conducta conyugal son inevitables— pueden analizar en una forma más objetiva sus actitudes, valores, y creencias, y transitar por estas etapas de la vida conyugal de una manera exitosa. Sin embargo, estas fases normales de la relación no es lo único que los cónyuges necesitan tener en cuenta para proteger su intimidad. Las parejas también deben considerar otros muchos factores que pueden activar el proceso del distanciamiento progresivo. Entre ellos, considere los siguientes:

- **LA IRA.** La forma en que usted y su pareja manejan los sentimientos de ira puede favorecer o afectar la intimidad de su relación. Para alcanzar la intimidad, los dos miembros de la pareja deben poder manifestar abiertamente sus sentimientos de cólera y disgusto hacia el otro, sólo que ambos deben aprender a hacerlo de una forma respetuosa. Si las parejas nunca manifiestan directamente la ira que los pudiera embargar en un momento determinado, esos sentimientos reprimidos terminarán por convertirse en una fuerza de distanciamiento poderosa. En un matrimonio en el cual la represión de la ira se vuelve habitual, el aislamiento será el patrón que la relación seguirá. De igual forma, la ira que es expresada en una forma irrespetuosa y arbitraria puede distorsionar la comunicación y provocar un distanciamiento irreversible.

- **LOS FALSOS CONCEPTOS SOCIALES.** Tradicionalmente, los hombres han sido enseñados desde niños a ocultar sus emociones y necesidades; por este motivo, muchos de ellos muestran una marcada tendencia a no revelar su necesidad de intimidad conyugal, a mostrarse poco cariñosos, y a no expresar sus verdaderos sentimientos. Las mujeres, en cambio, se muestran dispuestas a complacer a sus esposos; pero esta falta de congruencia a la hora de definir y expresar el comportamiento íntimo, aunque al inicio del matrimonio puede ser tolerable, si es mantenida por tiempo indefinido puede provocar que los cónyuges se vuelvan distantes y remotos (se trata de un proceso progresivo).

- **LAS PERSONALIDADES OPUESTAS.** Ya sabemos que los polos opuestos siempre se atraen. Pero cuando las características de la personalidad de los dos miembros de la pareja son marcadamente diferentes, y no se logra un ajuste positivo, el distanciamiento conyugal es inevitable. Hay muchos matrimonios integrados por "una persona racional, intelectual y poco emocional", y otra "emocional, que necesita un exceso de cariño y atención". El cónyuge que es considerado intelectual casi siempre es percibido como el miembro fuerte de la pareja, aquél que proveerá todo el apoyo emocional que el otro miembro de la pareja necesita. Sin embargo, si ese amor compasivo que se espera recibir no es dado y, en su lugar, un frío rechazo cubre las altas demandas de tiempo y atención del otro miembro de la pareja, el cónyuge emocional puede experimentar ataques de ira y atacar a su pareja sin misericordia, sin reconocer que la verdadera razón del distanciamiento es su personalidad, tan opuesta y dependiente. Asimismo, el cónyuge más racional, alerta del excesivo cuidado y cariño que el otro requiere, pudiera tratar de distanciarse de su pareja porque permitir ese tipo de relación íntima requeriría una respuesta emocional equivalente que él no está dispuesto a brindar.

- **LA FALTA DE INICIATIVA.** La intimidad es difícil de mantener si el aburrimiento y la monotonía se apoderan de una relación. Si los miembros de una pareja no buscan nuevas alternativas para mantener viva la relación, en todos los planos, el distanciamiento será inevitable.

- **LA DEPRESION.** Otra razón común para el distanciamiento conyugal es la depresión. En la mayoría de los casos de estados depresivos se-rios, los síntomas del trastorno son obvios. Pero la depresión ligera con frecuencia es difícil de diagnosticar. Uno de los cónyuges puede estar sufriendo de un estado depresivo por cualquier otro motivo ajeno a la relación, y su respuesta puede ser el distanciamiento conyugal. Una vez que la depresión es tratada, y superada, el distanciamiento en la relación podría disiparse.

- **LAS ENFERMEDADES QUE AFECTAN LA SEXUALIDAD.** La intimidad no sólo es emocional; también tiene un importante componente sexual. Y, a veces, la debilidad física y el impacto sicológico provocado por múltiples enfermedades son tan intensos que hacen que los encuentros sexuales resulten en extremo difíciles. Sin unas relaciones sexuales satisfactorias, la intimidad de la pareja se verá afectada... no hay duda de ello. Sin embargo, existen soluciones para este tipo de situación. Hasta después de tratamientos tan invasivos como el de un cáncer ovárico o una cirugía de corazón abierto, las parejas pueden ajustarse razonablemente bien y reanudar su vida sexual con éxito, aunque para ello pueda ser necesario algunas veces recurrir a otros métodos que no sean el coito directo.

¿COMO EVITAR EL DISTANCIAMIENTO CONYUGAL?

Aunque la intimidad tiene muchas facetas, sobre todas ellas se puede actuar constructivamente. Hay muchas alternativas que una pareja puede considerar para mejorar sus relaciones íntimas y evitar el distanciamiento. A continuación le ofrecemos cinco estrategias elementales:

1
Reconozca los defectos de su pareja, pero siempre analice la imagen de su cónyuge en su totalidad...

Ninguna persona es perfecta; su cónyuge tampoco lo es. Usted probablemente es consciente sobre cuáles son sus mayores defectos; es más, es conveniente que así sea. Conocer todo lo referente a su cónyuge, incluyendo sus debilidades, es un componente esencial de la intimidad. Sin embargo, en vez de subrayar y aislar los errores de su pareja, trate de ver su imagen completa, prestando también atención a los elementos positivos. Descubra las virtudes de su pareja y déjele saber que usted las conoce y admira.

Es demasiado fácil ser negativo, criticar, y quejarnos porque no estamos recibiendo lo que esperamos de la relación conyugal... Pero considere que las quejas y acusaciones sólo promueven el distanciamiento. Así que antes de seguir por el camino de la culpa y la recriminación, trate de identificar ese ser positivo que también hay en su pareja... y ayúdelo a que pueda superar lo que usted considere que son sus errores.

2
¡Venza sus propias dudas!

Cuando —a causa de debilidades y errores que todos normalmente cometemos— dudamos demasiado de nosotros mismos, terminamos distanciándonos de todas las demás personas, incluyendo nuestro propio cónyuge. Adoptamos una postura totalmente defensiva, tratando de protegernos de la ofensa o ironía que imaginamos que existe detrás de cada comentario, de cada acción que se nos dirige.

¿Qué hacer ante situaciones de este tipo? En-fréntese a sus propias dudas, póngales un alto; venciéndolas, usted logrará acercarse más a su pareja. Tenga presente que usted será más abierto en su relación conyugal si es más tolerante consigo mismo y con sus imper-fecciones.

3
¡Crea en sí mismo!

No importa hasta qué punto se encuentre usted agobiado, presuma siempre que va a poder salir airoso de los problemas a los que debe enfrentarse, y hacer las cosas mejor. Concéntrese en sus valores y aliméntese de ellos. Confíe en sus sentimientos, en sus fuerzas, en su capacidad. En lugar de decir, "no podré hacerlo"; diga "voy a tratar de conseguirlo". Usted podrá confiar más en su pareja una vez que aprenda a confiar más en sus propias fuerzas, en su propia capacidad.

4
¡Confíe siempre en su cónyuge!

Dudar sobre su cónyuge es una actitud tan destructiva para la intimidad como dudar de sí mismo. Confíe en su cónyuge y —en reciprocidad— su cónyuge confiará en usted. Concédale siempre el beneficio de la duda. Sea curioso, no desconfiado. Tenga presente en todo momento que la confianza es la fuerza más poderosa de la intimidad.

5
¡Crezca junto con su matrimonio!

Las relaciones humanas son elementos vivientes; es decir, crecen, cambian, evolucionan. Habrá ocasiones en las que su relación conyugal será muy estrecha; otras, un tanto distantes... y es normal que así sea. Aprenda a expandirse y contraerse según lo haga su propia relación; pero déjele siempre saber a su cónyuge que usted continúa confiando en el amor que una vez los unió. Eso es, en definitiva, lo que nos permite tomar riesgos personales sin el temor de llegar a ser abandonados.

LAS ENFERMEDADES INTIMAS PUEDEN PROVOCAR EL DISTANCIAMIENTO CONYUGAL

Hay muchos factores que determinan la extensión del daño que un cáncer ginecológico puede provocar en la intimidad de una pareja, incluyendo entre ellos una serie de variables físicas y sicológicas. Por ejemplo, la debilidad física y la fatiga general —al igual que otros síntomas (como náuseas, vómitos, dolor, falta de apetito, e insomnio)— son todas reacciones que típicamente se presentan en la mujer que sufre un cáncer ginecológico a causa de los tratamientos de alta intensidad a los que es sometida (cirugía, radiación y quimioterapia). Cada uno de estos síntomas por separado (o todos en conjunto), pueden contribuir al distanciamiento emocional y sexual de los miembros de la pareja.

- Las alteraciones en la función intestinal (las diarreas, por ejemplo), así como las afecciones respiratorias o la debilidad urinaria (con frecuencia incontinencia) no sólo pudieran inhibir el funcionamiento sexual entre los cónyuges, sino que hasta podrían disminuir la tolerancia de la mujer a la actividad sexual.
- Asimismo, la metástasis ósea que puede hacer cualquier tipo de cáncer ginecológico pudiera provocar que para la mujer sea verdaderamente difícil tolerar ciertas posiciones sexuales...
- Y hasta los propios medicamentos químicos usados para tratar el cáncer (o los efectos secundarios de éstos) pueden influir adversamente sobre la sexualidad.

Los factores sicológicos son igualmente importantes:

- El conocimiento de que el cáncer es una condición amenazante para la vida es la base del impacto sicosexual de esta enfermedad.
- En adición, el cáncer ginecológico evoca sentimientos relacionados con la feminidad, sexualidad y maternidad, tres elementos estrechamente relacionados con la intimidad matrimonial.

Los sentimientos de culpabilidad también constituyen una respuesta emocional común al cáncer ginecológico, y puede afectar poderosamente la función sexual, incluso después de que se produzca la recuperación.

- Los sentimientos de culpa que las mujeres con algún tipo de cáncer ginecológico presentan han sido incentivados por muchos artículos populares que vinculan estos tipos de tumores con la actividad sexual temprana, la promiscuidad, o las enfermedades venéreas.
- Por otra parte, la paciente puede tener un sentimiento de culpabilidad grande debido a las relaciones extramaritales, la masturbación temprana, o situaciones previas de abortos.
- -Otros conceptos erróneos incluyen el temor de trasmitirle la enfermedad al esposo o el miedo de éste a ser afectado por el tratamiento de la mujer, especialmente si ella está siendo sometida a la terapia de radiación.
- Un hombre también puede llegar a creer que él ha causado el cáncer ginecológico de su mujer a causa de sus excesivas demandas sexuales y sus relaciones extramaritales; en situaciones de este tipo, es frecuente que la culpa lo atormente, y que hasta cause situaciones de impotencia.

Aclarar todo estos conceptos equivocados —así como informar de una manera clara y concreta acerca de cuál es el verdadero impacto que un cáncer ginecológico puede tener en la intimidad de una pareja— es esencial para mantener y restaurar la intimidad sexual. A continuación le ofrecemos una breve reseña del impacto sicosexual específico que pueden tener los diferentes tipos de tumoraciones ginecológicas en la vida íntima de la pareja:

1
EL CANCER DE LA VULVA

Afortunadamente, éste es un tipo de cáncer poco común. El tratamiento varía de acuerdo al tipo de célula presente y la extensión de la malignidad; en situaciones de este tipo, la llamada "vulvectomía radical" es usualmente practicada. Esta cirugía pudiera incluir la extirpación del clítoris y resultar en una extensiva cicatriz perineal. Por tanto, el impacto sicosexual de este tipo de cáncer es frecuentemente basado en el temor a la incapacidad de volver a alcanzar orgasmos (debido a la extirpación del clítoris) o a la dispareunia (coito doloroso) causada por la operación.

Buscar asesoramiento profesional preoperatorio es especialmente importante ante este tipo de cáncer, porque las pacientes podrán sentirse seguras sobre estas dos situaciones. Usualmente, si una paciente es capaz de alcanzar orgasmos durante la etapa anterior a la enfermedad, podrá seguir haciéndolo después de su recuperación. Los dilatores vaginales han resultado útiles en algunos casos, al igual que la reconstrucción perineal después de la vulvectomía.

2
EL CANCER DEL
CUELLO DEL UTERO (CERVIX)

El carcinoma del cuello del útero (o cérvix) puede ser tratado por medio de la radiación y la cirugía, según el estado en que se encuentre la tumoración cancerosa cuando sea diagnosticada. Muchos estudios han encontrado que por lo general se presenta un decrecimiento en la función sexual después del tratamiento del carcinoma cervical. La dispareunia, la disminución en el deseo sexual, y la falta de lubricación normal también son reportadas como consecuencias del tratamiento de esta condición. Los cambios estructurales en la vagina (como estrechamiento, cortedad, o pérdida de la elasticidad) son frecuentes, pero tienden a ser más comunes después de la radioterapia que de la cirugía.

Los dilatadores mecánicos y la lubricación externa deben ser utilizados, pero su ayuda pudiera ser limitada una vez que la fibrosis característica de la radiación comienza a aparecer.

3
EL CANCER UTERINO

La histerectomía usualmente causa menos variaciones estructurales que otras formas de tratamiento del cáncer ginecológico. Aun cuando la histerectomía practicada sea total, el deseo y la función sexual pudieran no alterarse en forma significativa después del período de recuperación. Sin embargo, el impacto sicológico pudiera ser muy profundo en algunas pacientes, y el deseo sexual queda afectado completamente. La pérdida de la capacidad reproductiva, con la subsecuente depresión que ésta casi siempre origina en las mujeres más jóvenes, es una razón común para que muchas pacientes obtengan tratamiento siquiátrico.

Es erróneo atribuir todas las disfunciones de la sexualidad que se presentan después de una histerectomía al procedimiento en sí. Las investigaciones demuestran que muchas mujeres que se quejan de no funcionar sexualmente como antes en verdad confrontaron problemas antes de la operación, y es posible que —a medida que consigan sentirse satisfechas con otros papeles femeninos, además de la maternidad y el cuidado de los hijos— el significado sicológico de la histerectomía comience a ser menor.

4
EL CANCER DEL OVARIO

Desafortunadamente, el cáncer de los ovarios es casi siempre diagnosticado tarde en su curso biológico, cuando el control de su desarrollo no puede ser ya efectivo. Típicamente, este tipo de cáncer no es identificado hasta que tiene un estado avanzado (es decir, hasta que se halla en su fase III o IV), lo cual significa que ya ha hecho metástasis más allá de la pelvis, y que otros órganos pueden estar afectados. El tratamiento del cáncer ovárico en las dos primeras etapas de la enfermedad, en las que el cáncer está confinado a la pelvis, usualmente es menos agresivo que en un estado más avanzado; en este caso, los problemas sexuales serán menores. En general, el impacto sicosexual de la enfermedad dependerá casi siempre de la fase en que se encuentre el desarrollo de la tumoración cancerosa, y de la reacción de la paciente.

¿SE ALEJA DE SU CONYUGE CON LA LLEGADA DE LOS HIJOS?

Los hijos unen... pero también pueden provocar conflictos en la intimidad de la pareja. Uno de los factores: la falta de tiempo-de-pareja, porque los niños reclaman hasta el último minuto. ¿Qué se puede hacer cuando el amor se va perdiendo lenta, pero progresivamente...?

Muy enamorada de su esposo Arturo, Claudia compartió con él la enorme felicidad del nacimiento de su primer hijo. Sin embargo, Claudia no estaba preparada para todo lo que seguiría a ese episodio feliz. "Cada vez que Arturo trataba de abrazarme, inconscientemente lo apartaba de mí", recuerda hoy. "Me sentía cansada en todo momento, tan cansada que ni siquiera deseaba que él me mostrara su afecto... ¡mucho menos hacer el amor!". ¿Un caso insólito...? No. Las estadísticas muestran que este distanciamiento que se produce entre muchos cónyuges después del nacimiento de su primer hijo es frecuente. Algunas parejas logran salvar la situación; en otras, se produce un conflicto conyugal irreversible.

Sin duda, el nacimiento de un hijo puede hacer que un matrimonio inicialmente se sienta regocijado y unido; sin embargo, más tarde o más temprano, a medida que los padres luchan por cuidar a su recién nacido y al mismo tiempo se ven obligados a trabajar (en la casa o en la calle), muchas parejas tristemente descubren que han perdido esa intimidad tan especial que una vez lograron. Con la llegada del bebé, son muchas las parejas que experimentan el distanciamiento conyugal y, lamentablemente, no saben qué hacer para evitar este tipo de situación.

Después de llevar a cabo varios estudios acerca de las experiencias de las parejas que se convierten en padres, muchos especialistas aseguran que la satisfacción conyugal disminuye después del nacimiento del primer hijo, y que la paternidad —cuando no se está debidamente preparado para ella— crea una situación de turbulencia que estremece la relación conyugal. Quizás usted mismo —aunque se resista a admitirlo— ha experimentado este problema en su propia relación. Muchos padres, sin embargo, se resisten a hablar de este cambio en su matrimonio (porque no reconocen que se ha producido, o porque no lo identifican debidamente), pero la realidad es que se trata de un reto al que se le puede hacer frente y vencerlo con la debida información.

CON LA LLEGADA DE LOS HIJOS,
LAS PRIORIDADES SON OTRAS...
¡PERO EL AMOR DEBE SER CONSTANTE!

¿Por qué tantos matrimonios tienen problemas cuando se convierten en padres por primera vez? La explicación principal:

- Ambos miembros de la pareja están experimentando un cambio de prioridades que es muy poderoso, pero al mismo tiempo muy sutil.

Durante el embarazo, las parejas usualmente tienen la sospecha de que el bebé invadirá su privacidad romántica y les dejará menos tiempo para estar juntos. Lo que no resulta tan obvio son todos los otros elementos a los que los nuevos padres tendrán que renunciar.

Después de la llegada de un bebé, una cena romántica para dos puede convertirse en pasado nostálgico, lo mismo que el sexo espontáneo... Y las noches de sueño interrumpido dejan a ambos cónyuges sintiéndose demasiado cansados como para detenerse a averiguar qué es lo que está pasando con ellos que —poco a poco— se están alejando y haciendo cada vez más esporádicos los momentos de intimidad. No es nada extraño, por tanto, que la relación conyugal estrecha, que antes era lo más importante en sus vidas, pase a ocupar ahora el tercero o cuarto lugar en la lista de prioridades.

Desafortunadamente, la familia casi siempre vive demasiado lejos o tiene muchas otras obligaciones como para poder ayudar con el bebé cuando la pareja está desesperada por disfrutar ratos a solas. Asimismo, el trabajo y las responsabilidades financieras del matrimonio también contribuyen a empeorar el problema y a hacer que parezca insoluble. Sin embargo, todavía es posible hacer cambios que resulten positivos para la vida conyugal. Y aunque ya no parezca haber ni la más mínima posibilidad de disfrutar de un minuto de intimidad o de esparcimiento en privado, existen muchas formas de activar el amor entre dos cónyuges que se alejan.

NO IGNORE LOS CAMBIOS EN LA
RELACION CONYUGAL... ¡ENFRENTELOS!

Los cónyuges que en lugar de ignorar los cambios que se presentan en su relación después del nacimiento de un hijo deciden hacerles frente a la situación ante ellos, tienen mucho más éxito durante la transición a ser padres.

Aunque la relación conyugal sea considerada estable por ambos miembros de la pareja, es fundamental hablar sobre sus sentimientos y las inevitables transformaciones que la llegada del bebé ha impuesto en sus vidas. Tratar de identificar qué tipo de alimento emocional necesitan ambos para mantener la relación bien nutrida y saludable es una actitud muy positiva. Asimismo, ninguno de los dos debe presumir que su pareja es capaz de leer la mente y adivinar sus deseos. La comunicación es ahora más esencial que nunca...

Por ejemplo:

- Quizás la mujer tenga que decirle directamente a su esposo que necesita más halagos sobre la forma en que ella está recuperando su figura, o que es imprescindible que le ofrezca más ayuda con el bebé.
- Cuando él responda como ella desea, entonces es también importante que le haga saber que ella sabe todo lo que él hace para ayudarla en sus nuevas obligaciones, y que se siente agradecida y feliz.

En otras palabras: tanto para la mujer como para el hombre, es fundamental reforzar un comportamiento positivo en el otro cónyuge (con afecto sincero). Esta actitud es mucho más positiva (y efectiva) que criticar a la pareja porque sus halagos son mínimos en la intimidad, o porque no está prestando la ayuda que se espera.

Si hay algo en particular que molesta a uno de los miembros de la pareja, es preciso encontrar alguna forma de expresar su disgusto en lugar de permitir que las emociones negativas se acumulen peligrosamente. Recomendación:

- Hable con su pareja, explíquele su situación, discutan y busquen juntos una solución.
- Algunas personas optan por describir por escrito sus frustraciones y molestias, y aun cuando nunca lleguen a mostrar la carta a su pareja, el solo hecho de haber volcado en un papel toda su cólera acumulada las hace sentir aliviadas.

Tenga en cuenta que cualquier decisión que usted tome para establecer equilibrio en la relación conyugal es una actitud positiva para evitar el distanciamiento en el matrimonio:

- Los hombres necesitan sentir que la labor que realizan en la casa es tan importante como su propio trabajo;

- las mujeres tienen que experimentar que hay algo más que el hogar y la familia en sus vidas.

Asimismo:

- Una esposa que ofrece cada momento de su tiempo a su familia puede necesitar un recordatorio de su esposo de que ella debe buscar un interés exterior, como trabajar en el jardín, tomar algún curso que le interese, o realizar algún tipo de actividad laboral, aunque no sea a tiempo completo.
- Y un esposo que siempre está encerrado en su centro de trabajo, tal vez necesite una llamada de alerta para que de nuevo comience a pasar más tiempo con la familia. En vez de ubicar al trabajo como primera prioridad en la vida, algunas parejas necesitan pensar en trabajar menos y unirse más.

TRES FORMAS DE OBTENER TIEMPO-DE-PAREJA

La mayoría de las parejas que se convierten en padres por primera vez casi siempre deciden resolver el problema de la falta de tiempo-de-pareja   actuando como un equipo en el cuidado de los niños. Por ejemplo: uno cuida al bebé mientras el otro sale a correr en las mañanas, y así sucesivamente se van alternando en sus responsabilidades y actividades personales... Pero, ¿cómo encontrar tiempo para los dos? ¿Qué hacer para alimentar el amor y la intimidad? A continuación, tres formas efectivas de lograrlo.

1
¡PROGRAME SU TIEMPO!

Usted no puede ser espontáneo si está tan saturado de obligaciones; por eso, es esencial que se siente con su calendario delante, y trate de establecer citas específicas con su pareja, las cuales ambos deberán observar sin fallar. Si ambos trabajan fuera de la casa, no cometan el error de tratar de compensar el no estar en todo momento con los niños sacrificando el tiempo-de-pareja. El visitar con cierta regularidad un lugar callado donde puedan conversar a solas y sin interrupciones ajenas (un restaurante, por ejemplo), garantiza una comunicación íntima para los cónyuges, muy necesaria. Si el presupuesto familiar no les permite contratar a una niñera cada semana, entonces es preciso recurrir a algún miembro de la familia que esté dispuesto a cuidar de los niños para que la pareja disponga de algún tiempo libre de tantas responsabilidades en el hogar. ¡Proteger la intimidad... indispensable!

Aunque parezca una situación forzada y difícil, programar los momentos para las relaciones íntimas también es una excelente idea. Esto pudiera no parecer muy romántico, es cierto; pero a veces es la única forma de mantener una vida sexual activa y placentera cuando no parece haber ni un solo minuto libre para la intimidad total. Aun cuando la pareja no se sienta en el estado de ánimo adecuado para la intimidad, si ambos empiezan a tocarse mutuamente, muy pronto sus cuerpos se despertarán a la pasión.

2
COMPARTAN EL TIEMPO...

Este concepto de compartir el tiempo es excelente para estimular la intimidad en la relación conyugal. Cada cónyuge debe identificar cualquier oportunidad que exista para permanecer junto a su pareja:

- Para algunas parejas, el tiempo compartido usualmente se presenta en la mañana, cuando ambos se levantan media hora más temprano que sus hijos para poder pasar esos minutos juntos, disfrutando de momentos de intimidad que fortalecen su amor.
- Para otras, las conversaciones telefónicas constituyen una excelente forma de compartir algún tiempo, y por ello se llaman el uno al otro hasta tres o más veces en el día.

El tiempo compartido también puede incluir la práctica de rituales que tienen un significado especial para usted y su pareja, como es el caso de tomar un receso en las actividades del hogar para disfrutar de un café y un rato de conversación intrascendente. Asimismo, si usted es el tipo de persona que recuerda cada uno de los primeros momentos de su relación (como el día en que se conocieron, la primera vez que se besaron, etc.) también puede recurrir a estos mini-aniversarios como una excusa para disfrutar de momentos especiales de nostalgia conyugal, una vez que los niños ya estén en la cama, listos para pasar la noche.

3
¡APROVECHE EL "TIEMPO ROBADO"!

Es un poco diferente de los otros dos tipos de tiempo-de-pareja, porque éste es espontáneo, sorpresivo. Por ejemplo:

- Si usted es mujer, aparézcase en el centro de trabajo de su esposo y sorpréndalo invitándolo a almorzar... O comience una conversación íntima tan pronto como los niños se duerman durante un viaje familiar en el automóvil.
- Si es hombre, sorprenda a su esposa y regrese más temprano del trabajo, para disfrutar de un buen rato de intimidad antes de que los niños regresen del colegio. ¡Todas las estrategias son válidas!

Otra táctica furtiva consiste en acompañar a su pareja en una tarea de rutina que sólo requiere la presencia de uno de los dos. Por ejemplo, la mujer puede acompañar al esposo al taller de mecánica donde van a inspeccionar el automóvil, y conversar con él mientras tiene lugar la reparación. También el hombre puede acompañar a la mujer a ir de compras (a las tiendas, al mercado, etc.) para brindarle su apoyo, compañía, y disfrutar ambos del tiempo-de-pareja.

Por último, improvisar una cena romántica en la casa (una vez que los niños duerman), podría ser también una forma excelente de robar algún tiempo para mantener la intimidad de la pareja. La mujer puede cocinar un plato especial, seleccionar la música adecuada, y disponer de un área especial en el hogar donde cenar... pero igualmente el hombre puede sorprender a su esposa con comida ya lista y organizar en un dos por tres el escenario romántico. ¡Cualquier estrategia puede resultar efectiva para disponer de tiempo-de-pareja y consolidar el equilibrio conyugal!

CAPITULO 16

DIALOGOS CONYUGALES CREATIVOS:
¡APRENDA A ESCUCHAR A SU PAREJA... EN FORMA POSITIVA!

Escuchar no siempre significa que se identifique lo que la persona esté diciendo... Hay mensajes detrás de cada frase que están implícitos... En la relación conyugal, estos mensajes deben ser debidamente identificados para que la comunicación sea efectiva, total. ¿Comete usted errores al escuchar a su cónyuge...? ¿Le presta su cónyuge la debida atención cuando usted habla...? En este capítulo le informamos qué medidas deben ser tomadas para lograr la comunicación conyugal total.

Encontrar recomendaciones acerca de cómo los matrimonios deben comunicarse es bastante fácil; infinidad de libros y revistas abordan el tema con frecuencia. Sin embargo, hallar sugerencias sobre cómo aprender a escuchar y mejorar nuestra capacidad para prestar atención a lo que dice nuestra pareja es casi imposible, ya que pocos sicólogos prestan la debida atención a este factor esencial para la armonía y la felicidad conyugal. Aunque las parejas —según los estudios llevados a cabo al respecto— pasan más del 40% de su tiempo tratando de comunicarse, el saber escuchar al cónyuge es una habilidad que está poco desarrollada en la mayoría de los matrimonios. Las investigaciones indican que oímos a nuestra pareja con sólo un 25% de eficiencia; asimismo, la mayor parte de los malentendidos se deben, precisamente, a que no escuchamos bien.

Desde luego, no siempre que culpamos a nuestro cónyuge de no habernos escuchado con interés estamos refiriéndonos a la atención que le es prestada al estímulo verbal:

- En ocasiones, su cónyuge puede asegurarle que usted no lo ha escuchado bien, pero en realidad lo que quiere decir es que usted no está de acuerdo con ella.

Es importante distinguir entre este uso inadecuado que se hace del término escuchar y la verdadera capacidad de oír a otra persona:

- En el primer caso, simplemente, la persona que culpa a la otra de no escucharla está tan comprometida con la posición que ha adoptado ante una situación determinada que no imagina que —a pesar de haberla escuchado— el otro cónyuge no esté de acuerdo con ella.
- Los problemas que se presentan al escuchar están motivados por la falta de atención.

Sin embargo, aunque algunos puedan subestimarlas, las dificultades y errores que se comenten a la hora de escuchar a la pareja pueden llegar a tener un impacto severo y de largo término en la calidad de la comunicación conyugal:

- Cuando uno de los participantes en una conversación está hablando, el otro debe concentrarse en el estímulo verbal.
- Quien está escuchando está recogiendo la información, organizándola, y tomando decisiones acerca de lo que desea decir.

En poco tiempo, el cónyuge que escucha responderá selectivamente, de acuerdo con sus intereses, pero de acuerdo también con las propias actitudes que él adoptó al escuchar. Aunque es imposible escuchar con absoluta objetividad, la forma en que la persona que escucha presta atención al estímulo verbal determinará la calidad de la comunicación.

ERRORES EN LA COMUNICACION

A continuación le ofrecemos algunos de los errores más comunes que los cónyuges cometen al escuchar, cómo solucionarlos, así como todo lo que usted puede hacer para aprender a escuchar a su pareja de una manera creativa... y establecer un diálogo realmente positivo.

1
FINGIR LA ATENCION

Este es el más común de todos los errores que cometen los cónyuges al tratar de comunicarse verbalmente. Casi todas las personas desean parecer atentas y amables, y no es de extrañar que muchas desarrollen el hábito de fingir que están prestando atención a lo que escuchan; en algunos casos, este hábito de fingir la atención comienza a formarse desde muy temprano en la vida. La característica más típica de esta situación de atención fingida es la mirada fija e indiferente de la persona que escucha, así como cierto nerviosismo; también el nivel de concentración fingido puede ser muy intenso, pero es que en realidad la persona quiere parecer atenta cuando en verdad está pensando en otra cosa.

Fingir la atención puede ocasionar muchos **conflictos conyugales**, porque los miembros de la pareja pueden sentirse insultados cuando descubren que el cónyuge está simulando que presta atención. Un remedio para este problema es encontrar temas de interés común. Casi todos los estudios realizados acerca del proceso de escuchar muestran claramente las ventajas que puede reportar el interés en el hábito de escuchar. Es decir:

- Si usted comienza a escuchar a otra persona presumiendo que va a sentirse aburrido con su conversación, entonces lo más probable es que no preste la atención debida.
- Sin embargo, si usted realiza un esfuerzo por encontrar importante el tema, por interesarse en él, escuchar le resultará un proceso mucho más fácil.

El término anterior (realizar un esfuerzo) es significativo:

- Escuchar es un proceso dinámico que requiere prestar atención y alcanzar un nivel considerable de discernimiento.
- Cuando usted escucha debidamente a otra persona, no sólo sus oídos se mantienen en actividad, sino que una serie de otros cambios físicos reflejan que todo su cuerpo está involucrado en la función de escuchar. Por ejemplo, se produce una elevación en la temperatura del cuerpo, el ritmo cardíaco se acelera ligeramente, y la sangre también fluye con mayor rapidez.
- Quien escucha con atención también debe establecer contacto ocular con la persona que habla, al mismo tiempo que piensa mientras está escuchando.

Es decir, no se trata de una recepción pasiva, sino de un proceso activo. Quien escucha debe concentrarse en las palabras, pero también en el comportamiento no verbal de quien está hablando. Como el comportamiento no verbal es esencial para lograr entender lo que el comunicador está tratando de expresar, el proceso de escuchar es también una actividad visual. Evidentemente, concentrarse en los comportamientos no verbales de la persona que habla, y tratarlos de integrar en el mensaje, es una de las mejores maneras de escuchar debidamente y —por consiguiente— de mantener una atención genuina.

Todo este proceso es importante para lograr escuchar creativamente a su cónyuge. Si usted asiste a funciones de teatro, conferencias, o discursos públicos, usualmente usted va con una meta en mente: escuchar. Asimismo, en el ambiente de trabajo diario, usted tiene numerosas motivaciones para escuchar con atención a quienes le hablan. Sin embargo, en el marco de la familia —especialmente en una relación matrimonial— es especialmente fácil distraerse cuando se escucha, porque la conversación casi siempre ocurre en medio de muchas otras actividades. Las familias hablan mientras preparan la comida, comen, miran el televisor, conducen el automóvil, se visten... Pero no es positivo presumir que la conversación casual que se produce en la casa es trivial sólo porque tiene lugar en medio de otros estímulos. La mayoría de los problemas y acusaciones de no prestar la debida atención provienen de los fallos que se producen al tratar de entender mensajes simples. Por ello, lograr que el proceso de escuchar se realice en la forma debida resulta especialmente importante.

2
ESCUCHAR SOLO LAS PALABRAS

Un segundo mal hábito es el de escuchar las palabras solamente. Esto quiere decir que algunos cónyuges escuchan las palabras individuales y su significado obvio; sin embargo, no tratan de percibir las ideas, las motivaciones, o las intenciones sutiles que puedan haber detrás de ellas.

La persona que escucha creativamente debe tratar de interpretar el sentido completo del mensaje que su pareja quiere transmitirle, y esto exige tratar de identificar todas las implicaciones que no han sido expresadas. Es importante tomar en consideración que el significado de cualquier mensaje es el resultado de lo que se ha sido dicho... pero también de lo que se ha dejado de decir:

- La parte que se dice incluye las palabras, entonaciones vocales, estructura de las oraciones, y comportamiento no verbal.
- La parte del mensaje que no se dice es una fusión de suposiciones, contexto social y físico, información de fondo, y las experiencias compartidas.

Quienes escuchan creativamente deben captar las implicaciones de un mensaje para analizar su significado total.

Considere el caso en el que una mujer le pregunta a su esposo si quiere salir en el fin de semana. La pregunta es hecha en un tono honesto mientras la mujer recoge los platos de la mesa. Si esta pregunta ha sido antecedida por discusiones acerca de la pobre calidad de la vida social de la pareja, entonces deberá ser interpretada de una forma muy diferente a si se tratara de una pregunta casual, sin ninguna otra implicación. Una respuesta negativa del cónyuge puede alentar a la mujer a acusarlo de no haber oído sus quejas previas con respecto al estilo de vida que llevan. Es decir:

- La persona que sabe escuchar debe prestar atención no sólo a las palabras que escuche, sino también a las ideas; sólo de esta manera podrá identificar las motivaciones detrás de las mismas, prestando atención igualmente a los antecedentes.

3
DISTRAERSE CON FACILIDAD

Quienes no saben escuchar pueden ser fácilmente afectados por las distracciones del ambiente en que se encuentran. Es evidente que el escenario en el que transcurren las conversaciones de la familia puede ser un lugar de gran actividad, con altos niveles de estímulos. Sin embargo, la competencia del ambiente no es el único problema; están también otros estímulos directamente relacionados con el interlocutor.

Aunque el comportamiento no verbal es importante para una interpretación completa de lo que quiere decir la persona que está hablando, también es posible que quien escuche preste excesiva atención a las características físicas del que habla. Si el que escucha que se embelesa con las cualidades vocales, movimientos del rostro, y la forma de expresarse de su interlocutor, seguramente perderá alguna parte importante del contenido del mensaje que le están enviando.

Hay dos formas de evitar este tipo de problema:

- La primera es luchar contra las distracciones del ambiente, eliminándolas. Si el contenido de la comunicación es bastante importante y la persona que está hablando dice algo que uno necesita saber, entonces debe hacerse un esfuerzo especial para eliminar las distracciones ambientales; es decir, cierre las puertas, apague el televisor, deje de hacer lo que está haciendo. ¡Atención absoluta!
- Una segunda solución a este problema exige mayor concentración y enjuiciamiento del contenido del mensaje, y no de la forma en que éste es trasmitido. Si un cónyuge tiene modales o hábitos de conversación que son molestos o demasiado llamativos, quien lo escucha deberá hacer un mayor esfuerzo para concentrarse en lo que se le está queriendo decir. Es casi siempre difícil distinguir entre comportamientos distrayentes no verbales y ésos que son importantes para el significado del mensaje. Sin embargo, si quien escucha se descubre atraído hacia un hábito no verbal de la persona que está hablando —y esto va acompañado por largos momentos de falta de concentración— entonces lo más probable es que le está prestando más atención a la trasmisión del mensaje en lugar de a su contenido.

4
PREPARAR LAS RESPUESTAS EN LUGAR DE ESCUCHAR CON ATENCION...

Una cuarta barrera es colocada en el proceso de escuchar creativamente si uno de los miembros de la pareja se dedica a preparar sus respuestas en lugar de escuchar con atención lo que su cónyuge le está diciendo. Esta situación se vuelve especialmente problemática si lo que se está escuchando son puntos de vista opuestos acerca de un conflicto familiar, por ejemplo:

- Si la persona que habla dice algo con lo que la persona que escucha no está de acuerdo, existe una tendencia natural a dejar de escuchar y comenzar a elaborar una respuesta en ese mismo momento.
- Por lo general, la persona que escucha interrumpe con su respuesta una vez que ésta ha sido elaborada.

Esto sólo empeora la situación porque quien habla aún no ha completado de expresar su punto de vista y la interrupción, además de irritante, añade tensión a la discusión. El problema puede ser fácilmente remediado si se mantiene la mente abierta y se espera pacientemente hasta que la otra persona haya terminado de expresar sus ideas. Si dos personas están genuinamente comprometidas en la solución de un problema, ambas deben mantener los buenos modales de la comunicación. No hay nada que pueda sustituir a una conversación racional, en la que a cada parte se le permite expresar debidamente sus sentimientos. Formular respuestas a las opiniones de los otros antes de que ellos terminen de hablar, simplemente creará elementos para que se produzca una confrontación directa. La conversación que se caracteriza por respuestas que son rápidamente formuladas y por interrupciones múltiples, pronto degenerará en una discusión en la que los participantes estarán más interesados en ganar que en resolver el problema planteado.

5
FALLOS PARA ENTENDER LOS HABITOS PECULIARES DE COMUNICACION DE LA OTRA PERSONA...

Una característica final y compleja de comunicación pobre surge a partir del fallo de la persona que escucha para entender los hábitos peculiares de comunicación de su interlocutor. Los miembros de la pareja pudieran haber crecido en diferentes sistemas sociales o culturales, con diferentes patrones de comunicación y sistemas de códigos. Un código es en verdad una orientación hacia la producción e interpretación del lenguaje, es un camino establecido y asimilado para comunicar y determinar significados. Todos nosotros aprendemos a usar el lenguaje en situaciones específicas, a comunicarnos de acuerdo con un cierto código que hemos estado aprendiendo desde la infancia; por lo tanto, no es de extrañar que pudiera tomar años entender y asimilar el código de otra persona.

Por ejemplo, una mujer pudiera decirle a su esposo: "Quiero ir al cine esta noche" o "Pienso que nosotros deberíamos ir al cine esta noche":

- El significado de cada frase pudiera ser esencialmente el mismo, pero la última expresión manifiesta un deseo de unirse en la acción, al mismo tiempo que comunica un deseo personal.
- La primera, en cambio, expresa el sentimiento exclusivo de la mujer, y el esposo probablemente rechazará la sugerencia de ella, si él ha desarrollado un código de comunicación que considera poco amable imponer deseos personales.
- El segundo comentario es menos personal y permite la opción de decidir sobre si ir al cine o no. "Yo pienso" en lugar de "yo quiero"

comunica opinión o preferencia más que deseo; asimismo, el pronombre personal "nosotros" incluye a ambos miembros de la pareja...

¡ESCUCHAR Y DIALOGAR CREATIVAMENTE REQUIERE RESPONSABILIDAD!

Definitivamente, escuchar de una manera creativa requiere que ambos cónyuges sean responsables. Como consecuencia de la relación tan cercana que existe y los efectos que la comunicación negativa puede tener en la calidad del matrimonio, no sólo es necesario prestar atención a lo que nuestro cónyuge nos dice, sino que debemos, de corazón, desear atenderlo debidamente.

Considerando, sin embargo, que es idealista presumir que dos personas estén siempre listas para comunicarse de manera positiva cuando existe una relación de tanta confianza, usted debe tener también la responsabilidad de indicarle a su pareja cuándo no está en el espacio ni momento correcto para escucharla efectivamente. Hay veces en que los estímulos externos, al igual que los internos, no permiten sostener una conversación o un diálogo significativo; en estos casos, es mejor ser honestos y esperar por un mejor momento que fingir una atención que no desea brindarse.

Escuchar creativamente a su cónyuge implica también tener la responsabilidad de establecer una profunda relación emocional en cada conversación. Para su pareja no será suficiente saber que usted ha escuchado sus palabras; ella quiere confirmar que usted también ha entendido (o comprendido) sus sentimientos.

Finalmente, recuerde siempre que todo lo que su cónyuge tiene que decirle es importante; si usted graba debidamente este concepto en su mente, escuchar se convertirá en una función activa, estimulante para la relación conyugal.

CAPITULO 17

LOS CONFLICTOS CONYUGALES SE RESUELVEN...
¡SI AMBOS CONYUGES PONEN DE SU PARTE!

Las estadísticas alarmantes acerca del número de parejas que se divorcia en la actualidad harían pensar que el matrimonio tiene poco que ofrecer en estos momentos. Sin embargo, las investigaciones llevadas a cabo muestran una situación totalmente contraria, que debe ser tomada en consideración. Por ejemplo:

- Las personas que se casan viven por un período mayor de años, y las posibilidades de desarrollar tumoraciones cancerosas son menores. Tanto los hombres como las mujeres, al casarse, se mantienen más saludables en términos generales que mientras se hallan solteros. En el caso de los hombres, por ejemplo, las estadísticas revelan que los solteros viven —como promedio— diez años menos que los casados, siendo mucho más propensos a sufrir de afecciones cardiovasculares. Por su parte, las mujeres casadas viven aproximadamente cinco años y medio más que las solteras, las cuales muestran una mayor propensión a padecer de cáncer.
- Los hombres casados sufren menos de alcoholismo. Aunque muchos no lo perciban, el alcoholismo es una de las enfermedades más difundidas a nivel internacional, cobrando cientos de miles de vidas todos los años. Sin embargo, la incidencia de esta enfermedad en los hombres casados es un 50% menos que en los solteros. En el caso de las mujeres casadas, la incidencia de alcoholismo en ellas es de un 10% menos que en las solteras.
- Los hombres y las mujeres casadas son menos intrépidos y, por lo tanto, viven más. Los estudios que se han realizado al respecto

muestran que tanto los hombres y mujeres solteros, como los divorciados, toman riesgos mayores al conducir automóviles y cruzar vías de mucho tráfico. Asimismo, son más dados a involucrarse en peleas callejeras y a llevar estilos de vida no saludables. La incidencia: 30% más en el caso de los hombres solteros; 45% más entre las mujeres solteras.

- La vida sexual de los hombres y las mujeres casadas es más activa que la de los solteros. Se estima que el hombre casado promedio sostiene relaciones sexuales con su cónyuge entre seis y siete veces al mes; la mujer casada, aproximadamente seis veces al mes. Curiosamente, podría pensarse que el hombre y la mujer solteros podrían llevar un tipo de vida sexual más activo, pero la realidad es que tienen relaciones sexuales aproximadamente tres veces al mes.

- Los hombres casados disfrutan más las relaciones íntimas con sus esposas. En investigaciones llevadas a cabo en los Estados Unidos, se ha comprobado que el 54% de los hombres confiesan que las relaciones sexuales con sus esposas son mucho más placenteras que con cualquier otra mujer. El 43% de los hombres admiten que no tienen mayores inquietudes sexuales, porque se sienten satisfechos sexualmente con sus parejas. ¿Las mujeres? Lamentablemente, un porciento muy bajo de mujeres casadas se sienten plenamente realizadas en la intimidad conyugal.

- Los hombres y las mujeres casadas se sienten emocionalmente más estables que los solteros. Compare estas estadísticas: el 51% de los hombres casados se consideran "emocionalmente estables", mientras que solamente el 36% de los solteros puede afirmar lo mismo. Entre las mujeres, el 44% de las casadas estiman que su vida emocional es estable; solamente el 33% de las solteras opinan lo mismo.

En otras palabras: las ventajas del matrimonio son muchas, y cuando se logra el equilibrio conyugal, es posible alcanzar una felicidad y una paz grande. No obstante, siempre pueden surgir los conflictos conyugales que se han analizado en este libro, y el elemento fundamental que los causa es la falta de objetividad de uno (o ambos) miembros de la pareja. A pesar de que un gran número de parejas piensan que al casarse van a resolver muchos de los problemas que hayan confrontado en sus relaciones, a veces descubren que el matrimonio les trae nuevas y desconocidas complicaciones (físicas y emocionales)... y éstas —si no se saben resolver— provocan **conflictos conyugales** de todo tipo. Sin embargo, la ayuda de un consejero matrimonial, un sicólogo, o bien poner en práctica algunas medidas elementales de convivencia, pueden solucionar los problemas de la pareja y aportar soluciones duraderas que estabilicen la relación conyugal. Para concluir este libro, consideremos algunos de los conflictos conyugales más comunes y la forma de resolverlos positivamente.

1
DIALOGUE, PERO NO PELEE...

- Si usted conversa con su cónyuge sobre algo que sea de interés para ambos, préstele la mayor atención. A veces se producen discusiones debido a que cada uno deja de escuchar al otro, y cree que la razón está solamente en su propio punto de vista. Recuerde que nadie tiene el control absoluto de la verdad.
- Tenga presente que discutir es como bailar... se requieren dos personas para que pueda ser posible. Una discusión únicamente se produce si los dos cónyuges quieren participar en ella. De lo contrario, la situación de conflicto nunca llega a manifestarse.
- Mida con cuidado lo que va a decir. En primer lugar, considere que siempre puede hacer mucho daño con sus palabras. En segundo lugar, puede que no sea conveniente lo que manifieste en un momento dado, movido por un impulso. En tercer lugar, a veces se dice lo que no se siente... y después surgen las lamentaciones, ¡aunque ya es muy tarde!

2
EVITE LAS DISCUSIONES POR MOTIVOS FINANCIEROS

Las discusiones por los gastos, la forma desproporcionada en que cada cual dispone del dinero, o en que cada uno lo gana y lo gasta, son muy comunes entre las parejas actuales. A veces estos enfrentamientos demuestran problemas mayores que se encuentran subyacentes en la relación conyugal. Considere, por ejemplo, los siguientes:

- Existe una diferencia entre los valores de uno y otro.
- Hay desconfianza o egoísmo.
- No se ha establecido un método adecuado para organizar la economía de ambos, el cual debió fijarse antes del matrimonio.

Estos tres factores que pueden ocasionar conflictos conyugales se evitan con una planificación financiera, consideración, y responsabilidad en los gastos.

3
¡RE-DESCUBRA EL AMOR!

Es muy frecuente que con los años cada miembro de la pareja sienta que le importa cada vez menos su cónyuge. Es una situación que se presenta en muchas parejas, y que no podemos pasar por alto. El origen de este sentimiento es que:

- Durante el noviazgo la relación entre los miembros de la pareja es mucho más simple: sólo cuentan dos personas, y no hay mayores responsabilidades. Es decir, no es necesario compartir la atención entre los hijos, las obligaciones, y las responsabilidades; el sistema de vida no afecta mayormente las actitudes o sentimientos de la pareja.
- En mayor o menor medida todas las parejas —con el tiempo— se sienten cada día más atadas por las circunstancias y compromisos en que se van involucrando. Inconscientemente este estado de cosas va provocando en ellas el distanciamiento conyugal.

Este alejamiento puede evitarse tratando de comunicarse más el uno con el otro y revivir, dentro de lo posible, los momentos de intimidad de las primeras etapas de la relación... disponiendo de tiempo para el amor. Esto reforzará los cimientos del hogar y la felicidad total de la familia. Las escapadas al teatro, al cine, a cenar, también logran resultados altamente positivos para fortalecer los vínculos matrimoniales, porque la pareja siente que el matrimonio no ha disminuido en forma alguna su posibilidad de "disfrutar la vida".

4
¡PONGASE SIEMPRE EN EL LUGAR DE SU CONYUGE!

La mejor forma de entender el punto de vista de su cónyuge, o de tratar de justificar sus acciones, es ponerse en su posición; así le será más fácil comprender sus actos y las decisiones que pueda tomar en un momento determinado. Nunca se encierre caprichosamente, de una forma egoísta, en sus propios puntos de vista. Esta medida de flexibilidad conyugal puede evitar muchos conflictos innecesarios. Las cuestiones que afectan a los dos sólo se pueden resolver de una forma, no de dos diferentes. Y, por supuesto, la flexibilidad es un elemento fundamental para que la esgriman ambos miembros de la pareja... si realmente se quieren evitar situaciones que puedan llevar al distanciamiento.

5
LA ARMONIA DE LA PAREJA ES ESENCIAL...

Lograr la armonía de la familia es un hecho que no sólo involucra a los dos cónyuges; es necesario que las relaciones con los hijos sean igualmente satisfactorias para que éstos se conviertan en un estímulo en la unión familiar y no en un factor de división y conflicto. Muchos cónyuges, al tener problemas con sus hijos, culpan al hogar de todos los conflictos que se les presenta, en vez de enfrentarse a ellos con una actitud positiva... y resolverlos.

7 PECADOS QUE CONDUCEN A LOS CONFLICTOS CONYUGALES

1
LOS CELOS: ¿INSEGURIDAD... O INTOLERANCIA?
Ningún elemento puede ser más destructivo para la felicidad matrimonial como la desconfianza.

2
INDEPENDENCIA... PERO CON MODERACION
Es cierto, y hasta aconsejable, que dentro del matrimonio cada cónyuge tenga intereses distintos, variados.

3
LA INDIFERENCIA HACIA EL OTRO CONYUGE...
La vida conyugal significa compartirlo todo; la comunicación es indispensable y fundamental en la vida conyugal... para mantener vivo el amor.

4
LA VANIDAD: ¡UN PECADO DE FRIVOLIDAD!
Ni el hombre ni la mujer deben descuidar su cuidado personal por el hecho de estar casados; por el contrario, ambos deberán evitar el abandono.

5
COMPARAR SITUACIONES PRESENTES CON PASADAS...
Infinidad de hombres y mujeres pretenden continuar en el matrimonio la vida a la que estaban acostumbrados antes de casarse.¡Nada más negativo que este tipo de actitud!

6
¡EL DERROCHE PROVOCA CONFLICTOS CONYUGALES!
Cuando los problemas económicos surgen en la pareja, las consecuencias siempre son desastrosas.

7
¡CREER QUE SE LO MERECE TODO!
Sí, hay cónyuges equivocados que se creen merecedores de todo... ¡una actitud egoísta total que destruye el amor conyugal!